Handicaps

Les éditions Autrement se sont associées à l'Ocirp pour cette publication, tant nos engagements sont apparus proches. L'Ocirp, Organisme commun des institutions de rente et de prévoyance, est un acteur majeur dans la protection sociale de la famille, notamment dans les situations difficiles de décès, de handicap, de dépendance. Il a souhaité participer à ce recueil de témoignages sur les liens familiaux de fraternité et de filiation. Ensemble, nous esquissons dans cet ouvrage des pistes de réflexion dégagées de sentiments faciles, d'évidences apparentes ou de discours tout faits.

www.ocirp.fr

Le suivi éditorial a été assuré par Marie-Pierre Lajot et Marie Pinatelle

---

Tél. : 01 44 73 80 00. Fax : 01 44 73 00 12. E-mail : contact@autrement.com
ISBN : 978-2-7467-0666-8. ISSN : 0751-0144.
Dépôt légal : octobre 2005. Précédent dépôt : septembre 2005. Imprimé en France.

Handicaps

Paroles de frères et sœurs

Dirigé par Maria Carrier

Éditions Autrement – Collection « Mutations » n° 237

Avant-propos

Par Maria Carrier

Autrefois, le handicap faisait peur. On cherchait à savoir qui pouvait bien être le responsable d'un tel malheur, tout en plaignant les parents si mal lotis. Ces derniers, endoloris et blessés par la peine d'avoir un enfant handicapé, le cachaient et s'isolaient pour se mettre à l'abri de la compassion, de la maladresse ou de la méchanceté. Cette époque semble révolue. Certes, le handicap, qu'il soit mental ou physique, continue de mettre mal à l'aise un grand nombre d'entre nous, mais il est mieux connu et, par conséquent, mieux toléré. Les parents d'enfants handicapés sont désormais invités à s'exprimer sur leurs difficultés quotidiennes, et nombreux sont ceux qui n'hésitent plus à dire également le bonheur qu'ils tirent parfois de la différence de l'un de leurs enfants. Les handicapés eux-mêmes sont interrogés, ils se racontent et expriment ainsi toute la détermination qu'ils mettent à prendre leur place dans un monde qui s'est construit en les oubliant. Ils sont le plus souvent des exemples de spontanéité et de courage.

La parole a beau être mieux admise et répandue, la douleur, les doutes persistent. Vivre à chaque instant de l'existence cette relation particulière reste une construction difficile : aimer, se séparer, être complice ou se fâcher, exister dans une société comme la nôtre, travailler, se sentir fatigué, se faire des amis... les interrogations sont sans fin. Les parents, la famille, les sentiments autour du handicap sont complexes et souvent contradictoires.

Qu'en est-il des frères et sœurs de handicapés ? Aînés ou puînés, ils vivent bien souvent depuis leur plus tendre enfance une situation qui modifie de façon profonde et définitive la relation qu'ils ont avec leurs parents, leurs conjoints, leurs enfants, leurs proches, mais également avec le reste du monde. Culpabilité, jalousie, pitié, dégoût, isolement, honte, ignorance, rejet, surprotection ne sont que quelques-uns des sentiments qu'inspire la différence à ces frères et sœurs de handicapés. Cependant, qu'ils se révoltent contre le destin ou qu'ils l'acceptent, qu'ils se retrouvent ou non dans cet autre à la fois connu et inconnu, ils ne peuvent faire autrement que de vivre avec le fantôme obsédant de la différence. Si certains ont toujours beaucoup de mal à en parler, submergés qu'ils sont par l'émotion ou la colère, d'autres le font avec franchise, lucidité et amour. Ceux qui ont accepté de témoigner dans cet ouvrage tâtonnent encore pour la plupart et continuent de chercher cette juste distance qui leur permettra d'accepter l'autre, à la fois si proche et si lointain, sans culpabilité ni arrière-pensées. Chacune de ces confessions est assortie de la contribution de personnes que le handicap mobilise ou interpelle. Ces dernières mettent des mots sur les maux et éclairent ainsi d'un jour particulier la relation souvent paradoxale qui lie, pour le pire et pour le meilleur, des frères et des sœurs à jamais si différents.

Juliette et Geneviève

Juliette est née en 1956. Elle a un frère, Patrick, de trois ans son aîné, et une sœur plus jeune, Geneviève. Cette dernière est née en 1965. Elle est trisomique. Elle travaille dans un centre d'aide par le travail (CAT) depuis 1986 et vit dans un foyer depuis 1994. Le père de Patrick, de Juliette et de Geneviève est âgé de quatre-vingt-quinze ans. Il est en bonne santé et reste très présent auprès de sa fille cadette. Il s'occupe de toutes les démarches administratives de Geneviève, qui rentre chez lui tous les quinze jours et pour les vacances. Juliette vient chercher son père et sa sœur tous les étés, afin de passer avec eux quelques jours en famille.

Quand ma sœur est née en 1965, ma mère avait quarante-trois ans. Mon frère et moi étions très heureux à l'idée d'avoir un petit frère ou une petite sœur. Quand Geneviève est née, nous ne l'avons vue qu'une ou deux fois en six mois, et derrière une vitre.

À cette époque, il était déconseillé d'emmener trop souvent les frères et les sœurs aînés voir ces bébés trisomiques. On poussait les parents à les abandonner, car on avait constaté que ces enfants mouraient jeunes.

Au bout de six mois, mes parents ont trouvé tout cela ridicule et ont décidé de récupérer Geneviève. Nous sommes partis en vacances en Bretagne. Je me souviens que Geneviève était rigolote avec sa bouille toute ronde, comme celle des enfants dans son cas. Elle avait une grosse boucle rousse sur la tête, semblable à celle de Riquet à la houppe. Mon frère et moi, nous savions que notre sœur était trisomique. Quant à mes parents, je suis certaine que dès que maman a su qu'elle était enceinte, tous deux ont pensé qu'il y aurait un problème. Ma mère avait plus de quarante ans. Je crois que si elle l'avait pu, elle aurait avorté. Mais à cette époque, l'IVG était interdite, et pour mettre fin à une grossesse non désirée, tout était plus compliqué et dangereux. Elle a donc pris le risque de cette grossesse. Une fois Geneviève née, il n'était plus question d'abdiquer. Je crois que c'était courageux, mais en même temps, ma mère n'a pas pu faire autrement. Geneviève était devenue son combat.

La venue de Geneviève a changé beaucoup de choses pour maman. Tout était tourné vers Geneviève, tout lui était consacré, au point que notre mère a fait une formation et a changé de métier ! Elle était chercheuse en pharmacie. En 1968, trois ans après la naissance de Geneviève, elle a repris des études pour devenir orthophoniste. Cela n'a pas manqué d'ailleurs de bouleverser les finances de la famille et, à compter de cette époque, il n'y a plus eu de voyages à l'étranger. Maman a aussi commencé à militer dans des associations de parents d'enfants handicapés.

Mon père, en revanche, n'a pas fait de différence entre Geneviève, mon frère et moi. Il a assumé, ce qui était très rare pour un homme de cette génération. Je pense qu'aujourd'hui il tient le coup parce qu'il est utile à sa fille.

Ma mère n'a jamais accepté le handicap de sa fille et elle a beaucoup culpabilisé. Mais elle n'a jamais baissé les bras. Elle aurait voulu rendre sa fille normale, et si Geneviève est aujourd'hui presque autonome, c'est grâce à mes parents. Ma grand-mère a également joué un rôle important : elle était institutrice et a beaucoup aidé Geneviève dans ses apprentissages.

Maman a créé des centres de loisirs pour handicapés. Je m'y suis beaucoup investie quand j'étais adolescente. Il y avait bien sûr une attirance pour l'humanisme, la solidarité, l'entraide. Cela faisait partie de notre éducation. Mais, dans le cas présent, je me sentais obligée de prendre part à ces activités. C'était une manière de me situer par rapport à ma mère, à ma sœur. Je crois que je voulais ne pas décevoir. Ma sœur prenait toute l'affection de notre mère, et c'était pour moi une façon d'exister, malgré tout, auprès de ma mère : la blessure a longtemps été là, jusqu'à ce que je prenne conscience de mes choix. J'ai pensé poursuivre dans cette voie et en faire mon métier. Puis j'ai renoncé. J'ai beaucoup appris pendant cette période.

À l'école, je ne parlais pas de ma famille, pas plus de Geneviève que de mon père, ma mère ou mon frère. Cela ne me posait aucun problème d'inviter des amies de l'école à la maison. Il n'y a jamais eu de rejet. Dans la rue, en revanche, j'ai vu des réactions étonnantes : au-delà de regards souvent très lourds, qu'ils soient insistants ou fuyants, il arrive que des personnes viennent au-devant du handicapé et l'agressent. Ma mère ne supportait pas cela. Elle ne pouvait pas accepter que l'on rejette sa fille. Elle avait été blessée dès la naissance de Geneviève quand un médecin lui avait dit : « Vous avez fait un monstre. » Cette blessure a été ravivée à chaque étape de la scolarité de Geneviève. Elle a dû se battre pour que ma sœur soit intégrée dans le système scolaire, qui répugne à accueillir les enfants handicapés.

Moi, je ne vis pas cette différence avec trop de difficultés : j'ai ma vie. Peut-être que si je devais être avec elle en permanence, la différence finirait par m'agacer. Toutefois, le regard des autres peut être insupportable. Il y a une telle méconnaissance du handicap ! C'est probablement lié à la peur d'être soi-même dans cet état.

Patrick avait douze ans quand Geneviève est née. Très rapidement, il a quitté la maison. Pour ma mère et ma grand-mère, il avait toujours été le centre du monde. Je ne sais pas s'il a fui le handicap de notre sœur ou si la situation d'aîné idéal était devenue trop lourde à assumer. Aujourd'hui encore, il est absent.

Quand notre mère est morte, je ne savais plus où était ma place ; je ne savais plus si je devais aller auprès de mon père et de ma sœur, ni même si je devais rester chez moi. Je comptais beaucoup sur la participation de mon frère. Il n'a pas bougé.

La douleur est là. Je m'explique : mon père et ma sœur attendent beaucoup de Patrick, qui ne leur donne rien. C'est terriblement douloureux pour eux et leur douleur est ma douleur. Je ne comprends pas son absence auprès de notre père. C'est un vieux monsieur, certes, mais il est actif, agréable, plein d'humour, très impliqué dans la vie. Il ne se plaint jamais. Patrick ignore son père et sa sœur.

Je ne sais pas s'il est conscient qu'à un moment ou à un autre nous serons tous les deux confrontés au problème. J'ai aussi le sentiment que le rejet de Patrick va en grandissant. Peut-être que sa femme a une part de responsabilité dans cette attitude… Ce n'est pas une question d'argent, c'est un problème affectif.

Je crois que je serais capable de réactions physiques à l'égard de Patrick tellement son attitude à leur égard me déçoit. Avoir une sœur comme Geneviève, c'est une préoccupation permanente. On ne peut oublier que cette personne dépend de vous.

La mort de notre mère a été un choc terrible pour Geneviève. L'enterrement l'a tellement marquée qu'elle ne veut pas assister à celui de notre père quand le moment sera venu. Je sais que, pour elle, ce sera la perte d'un repère essentiel. Je n'ai rien prévu. Je crois que le fait qu'elle soit dans une institution me rassure. Elle est suivie par des médecins et par une psychothérapeute. Mon père et elle sont restés ensemble pendant trois ans à la suite du décès de maman. Il a toujours été prévu que Geneviève ait sa vie à elle. Elle souhaitait déjà, du temps de ma mère, aller vivre dans le foyer où se trouvaient ses amies du CAT. Une place ne s'y est libérée que trois ans après le décès de notre mère. Elle y est depuis et ne revient à la maison que le week-end. Elle a le sentiment de prendre mon père en charge. Elle s'inquiète pour lui. Je crois qu'elle a peur qu'il tombe malade ou, pis, qu'il meure. Elle m'en a parlé de façon détournée, mais je n'ai pas de réponse. Je lui dis que lorsque ce sera nécessaire, nous trouverons les solutions qui lui conviendront le mieux. Je n'ai pas envie de lui raconter des histoires.

Je souhaite qu'elle soit respectée, mais il n'y a pas de ma part une volonté particulière de la protéger. La vie comporte toujours une part de risque ; on ne peut pas tout éviter. Je crois qu'elle l'a bien compris, car récemment elle a dû, dans son centre, changer d'étage, et donc déménager ses affaires. Je craignais que cela ne la perturbe, mais les rôles se sont inversés, et c'est elle qui m'a rassurée !

Parfois, alors qu'elle est très gaie et qu'elle aime la vie, elle peut avoir de grands moments de tristesse. Cependant, plus le temps passe, plus elle mûrit. Elle arrive à gérer des situations qui autrefois étaient difficiles pour elle.

Geneviève a trente-sept ans. Elle a conscience de son handicap. Elle parle et écrit d'une manière phonétique. À deux points près, elle a raté un CAT de couture. Elle travaille et touche un petit salaire du CAT ainsi qu'une allocation adulte handicapé. Elle connaît la valeur de l'argent...

Elle s'abreuve de feuilletons télévisés, mais elle fait aussi du théâtre et participe à de nombreuses sorties culturelles avec le foyer.

Geneviève a une carte d'électeur. Elle vote pour « notre président » parce qu'il a une fille handicapée.

Geneviève a-t-elle une vie amoureuse ? Je ne sais pas. Je crois que si c'était le cas, elle m'en parlerait. Ma mère a toujours totalement nié la sexualité de Geneviève. Elle avait une relation fusionnelle avec sa fille et cette question la gênait. J'ai toujours été très « rejetante » vis-à-vis de ces attitudes envahissantes de ma mère à l'égard de ma sœur. Mais sans doute y a-t-il de ma part une petite jalousie... Une éducatrice a pensé, parce que Geneviève avait une amie très proche, qu'elle avait des tendances homosexuelles. Elle serrait en effet cette amie très fort et très longtemps dans ses bras, mais cela ne veut rien dire, à mon avis, car elle le fait avec tous ceux qui lui rendent visite. Elle est très démonstrative.

Je suis mariée et j'ai deux filles. Je n'ai jamais pensé que je pouvais avoir moi-même un enfant handicapé ; l'existence de Geneviève n'a pas créé de craintes particulières. Lorsque j'attendais mon premier enfant, ma sœur aurait aimé que le bébé soit trisomique. Elle me l'a dit et cela m'a choquée. Mais il n'y avait là aucune méchanceté, simplement Geneviève se serait sentie moins seule.

Quand ma première fille, Éloïse, est née, tout allait très bien, et il en a été de même pour Léa. Éloïse a souvent passé des vacances avec sa grand-mère et sa tante. Elle ne prête pas attention à la différence. C'est plus difficile pour Léa qui, elle, est plus sensible aux apparences. Cela tient peut-être au fait qu'elle n'a que quatorze ans.

Pendant les vacances, je prends toujours huit ou dix jours pour aller chercher mon père et ma sœur, et à Noël nous allons chez eux, afin que nous soyons tous réunis dans la maison familiale. Pour mon mari, il ne faut pas que cet aspect de ma vie empiète trop sur notre propre vie de famille. Pour moi, c'est un peu difficile. Ils existent, je les aime. Il y a une grosse différence d'âge entre Geneviève et moi et, avec mon frère et elle, nous avons toujours été élevés pour être indépendants les uns des autres. Cependant, je sens bien que Geneviève m'est très attachée. Elle me téléphone quand elle a besoin de quelque chose. Pour elle, je remplace un peu notre mère. Cette dernière m'avait placée dans cette position et mon mari lui en a fait le reproche.

J'ai bien évidemment envisagé que Geneviève puisse mourir. J'ai même souhaité sa mort. Ce sont des personnes qui parfois vivent moins longtemps. Imaginer qu'elle va mourir donne l'illusion d'une libération. Mais il restera un manque, une culpabilité, quelque chose à reconstruire. On s'investit toujours plus qu'on ne le croit !

L'existence de Geneviève m'a appris bien évidemment à ne pas me fier aux apparences. J'en tiens compte dans ma vie personnelle et professionnelle, en restant le plus possible à l'écoute des autres, quels qu'ils soient. Mais avoir quelqu'un à sa charge, sans l'avoir choisi, n'est pas toujours facile, même si, de fait, on aime cette personne.

Les métiers qu'ils choisissent

Sylvie Gélas, médecin psychothérapeute.

« Quand Geneviève est née, nous ne l'avons vue qu'une ou deux fois en six mois, et derrière une vitre. »

La mère a quarante-trois ans et déjà deux enfants, Patrick et Juliette... Une grossesse tardive s'annonce. La joie pour les enfants d'accueillir un nouveau-né dans la fratrie se transforme brutalement en interrogation, en incompréhension, en gêne. La petite Geneviève ne revient pas à la maison, elle ne se laisse entrevoir que fugitivement derrière une vitre. Que lui arrive-t-il ? Elle est « anormale », handicapée.

La constellation familiale reçoit de plein fouet ce choc de la nais sance d'un enfant trisomique, et les parents, isolés dans la sidération et le refus de la situation, suivent les consignes du corps médical : l'éloignement, peut-être même l'abandon de cet enfant qui doit mourir jeune. Mais se produit alors un sursaut maternel : la décision est prise de ramener Geneviève à la maison et de l'intégrer pleinement à la famille. La mère se mobilise entièrement autour des valeurs de courage, de combat, de lutte : « Plus question d'abdiquer. »

La vie familiale se polarise sur Geneviève. La mère change de métier pour prendre soin de sa fille. Les autres enfants n'ont pas le choix ; dans l'adversité, ils sont invités à faire front avec les parents, car, en sauvant Geneviève, la famille entière sauve son humanité, son honneur, sa valeur.

Le père, cependant, maintient dans la fratrie un équilibre utile au développement de chacun : « Mon père n'a pas fait de différence entre Geneviève, mon frère et moi. » Cette attitude paternelle compense le surinvestissement maternel sur Geneviève et l'espoir irréaliste de la correction du handicap. Juliette, la sœur, construit sa vie, devient autonome et fonde sa propre famille, tout en gardant des liens affectifs avec sa sœur et ses parents. Son frère, Patrick, n'y est pas parvenu. Il a choisi, ou subi, l'absence, l'effacement, le déni, que la mort de la mère n'a pas rompu.

La dyade père-Geneviève persiste fortement et la prochaine crise familiale émergera sans doute à la mort du père, quand les trois enfants se retrouveront « en première ligne ».

Dans les familles où vit un enfant handicapé, les frères et sœurs choisissent souvent un métier orienté vers le soin, l'éducation, l'accompagnement social. Qu'est-ce qui détermine cette attirance ? Quels liens se nouent avec le handicap du frère ou de la sœur ?

Revenons à la famille de Geneviève et Juliette : ici, c'est la mère qui la première change de métier après la quarantaine et devient orthophoniste. Toutes les ressources maternelles sont tournées vers l'enfant handicapé. Le frère et la sœur sont pris dans l'injonction maternelle d'être forts, parfaits, solidaires, courageux... Ils sont très jeunes investis d'une mission d'aide et d'assistance auprès de leur sœur, la mère elle-même donnant l'exemple du renoncement et du sacrifice.

Patrick et Juliette, encore jeunes, affrontent avec la venue de leur petite sœur trisomique une situation paradoxale : cette sœur est leur semblable, elle a les mêmes parents, le même père, la même mère, le même sang, mais elle est à jamais différente, hors normes, handicapée dans sa chair, dans ses gènes, par un chromosome surnuméraire qui a provoqué des dégâts irréversibles. Cette naissance bouleverse le contexte familial puisque la mère va focaliser ses soins et son attention sur Geneviève, au détriment des deux aînés. La vie quotidienne, le travail, les loisirs seront soumis au rythme imposé par le handicap de Geneviève. Dans cette situation, toute manifestation négative, toute expression de frustration, de rejet de la part de la fratrie vis-à-vis de la sœur handicapée est tacitement interdite. L'expression de la souffrance, de la colère, de la culpabilité est refoulée par le groupe : non tolérée et intolérable. Le frère, Patrick, n'a pas pu, sans doute, supporter cette pression, réactivée par les échecs dans le développement de Geneviève.

Durant son enfance et son adolescence, Juliette fréquente plus ou moins directement de nombreux intervenants du monde médico-social : médecins, soignants, orthophonistes, psychologues, kinésithérapeutes, mais aussi animateurs, éducateurs, moniteurs de centre de vacances ou responsables d'association. Ce système de professionnels forme comme un second cercle familial autour de l'enfant handicapé, avec ses codes, ses affrontements, ses alliances. Pour la fratrie, ce cercle représente un vivier d'identifications et de projections qui viennent enrichir le jeu des relations familiales, parfois rigides et figées sur des positions extrêmes, sans négociation possible. Les enfants observent le pouvoir souvent important de ces professionnels : pouvoir du diagnostic et du pronostic médical, pouvoir de consolation, pouvoir de compassion et d'écoute des soignants, des éducateurs. Pourquoi n'y trouveraient-ils pas ce que Boris Cyrulnik appelle des « tuteurs de résilience », capables de tisser avec eux des liens riches de sens, d'écouter leur souffrance, leur culpabilité, capables de mettre en mots l'innommable, de briser la loi du silence, de répondre aux questions éludées, de soulager l'agressivité réprimée ?

Chaque expérience de vie est singulière, et d'autres trouveront au contraire dans la confrontation avec ces professionnels des contre-modèles qu'il leur faudra pourfendre pour mieux les dépasser ensuite : histoires de rencontre ratée, de non-écoute, de pronostic terrible qui laisse la famille terrassée en cinq minutes, de gestes médicaux, de maltraitance affective. L'enjeu sera ici de réparer, d'effacer ces erreurs, de dépasser avec humanité et solidarité les traumatismes engendrés par ces relations dysfonctionnelles avec l'un ou l'autre des intervenants.

Qu'elle naisse par un processus d'identification ou de répulsion, la vocation pour certaines professions du soin, de l'aide, chez les frères et sœurs de handicapés semble venir s'ajuster aux règles engendrées par le mythe de la famille. Mais qu'est-ce qu'un mythe familial et quelle est sa fonction ?

> La notion de mythe familial se rapporte à un certain nombre de croyances assez bien systématisées, partagées par tous les membres de la famille concernant leur rôle mutuel dans la famille et la nature de leurs relations. [...] Ces croyances organisées au nom desquelles la famille instaure, maintient et justifie de nombreux modèles interactionnels sont

partagées et soutenues par tous les membres de la famille comme autant de vérités dernières, échappant à toute critique ou remise en question[1].

Le mythe reflète la carte du monde interne de la famille. Il renvoie à ses origines et à ses valeurs fondatrices, garantes de l'identité familiale. Cependant, les croyances partagées, qui édifient le mythe, sont souvent en décalage plus ou moins fort avec la réalité relationnelle : « Le fait d'appartenir à une famille où tout le monde s'aime n'engendre pas plus l'amour que celui d'appartenir à une famille où tout le monde fait ce qu'il veut ne rend libre[2]. » Ces croyances maintiennent pourtant fortement la cohésion du groupe, et les contester implique un danger de rejet pour celui qui s'y risque ou une dislocation de la famille, si la crise atteint plusieurs membres.

Le mythe familial occupe plusieurs fonctions essentielles pour la vie du groupe. C'est tout d'abord à travers le mythe que se font la lecture et l'interprétation de la réalité. À ce titre, il incarne une véritable « matrice de connaissance » (Lévi-Strauss, 1971) transgénérationnelle. Ainsi se définissent les frontières du système familial, restreint ou élargi, et les degrés d'appartenance à ce système. Le système familial, ouvert sur l'extérieur, baigne dans un environnement social, culturel, qui va influencer le mythe familial en contraignant à des évolutions ou en suscitant des impasses, des fractures, si l'adaptation se révèle impossible.

Le mythe familial engendre ensuite les règles de fonctionnement interne de la famille : rôles parentaux, conjugaux, filiaux, fraternels, pour les différentes générations ; différenciation de ces rôles en fonction du sexe. Il prescrit également la « charte pragmatique » de l'organisation familiale en ce qui concerne la manière de vivre, les rites familiaux, le style de communication, l'expression des émotions.

Bien sûr, il façonne enfin l'utopie, l'idéal, le projet pour chacun des membres de la famille.

Le mythe constitue une structure qui s'épanouit dans un temps spiralé. C'est le temps de l'épaisseur des cycles de vie familiaux qui

1. Paul Watzlawick et John H. Weakland, *Sur l'interaction*, Seuil, 1981, p. 85-86.

2. Françoise Rougeul, *Familles en crise*, Georg Éditeur, 2003, p. 86.

résonne pour chacun comme un écho : adolescence des enfants, adolescence du couple parental.

> Le mythe familial ne fait sens qu'en rapport avec la situation actuelle de la famille et avec les mythes personnels de ses membres, de même que la situation actuelle et les mythes individuels s'insèrent dans le récit qui les précède. À la différence d'une histoire achevée où chaque élément vient à sa place dans une intrigue définie, le mythe familial baigne dans des relations qui évoluent constamment et, retranchant quelque chose ou ajoutant de nouveaux éléments, ne cesse d'en modifier la signification[3].

Dans cette perspective, l'irruption du handicap dans la fratrie, qu'il survienne à la naissance ou à un moment quelconque de l'histoire de vie, ébranle fortement le mythe familial. Ce changement brutal et radical suppose une évolution du mythe pour maintenir le système familial en équilibre. Cependant, les règles de fonctionnement familial vont parfois à l'encontre de cette évolution, ce qui provoque un blocage, une impasse, qui fige les relations familiales dans des symptômes où dominent la souffrance, la disqualification ou même le déni de l'un ou l'autre des acteurs familiaux.

Dans quelle mesure le choix spécifique d'un métier par les frères et sœurs peut-il être l'expression de cette faculté *mythopoïétique*[4] ?

L'irruption du handicap met les frères et sœurs, nous l'avons vu, en contact avec une constellation de professionnels. Ceux-ci, par le témoignage de leur action au quotidien, proposent implicitement un changement dans les valeurs et les règles de fonctionnement du système familial. Ils introduisent de la créativité relationnelle, instaurent un recadrage de certaines situations, ouvrent à de nouvelles perspectives. Ils sont la preuve que la mission confiée aux frères et sœurs, dans le contexte intrafamilial, peut s'ouvrir sur le monde extérieur, être socialement reconnue et validée à travers un métier gratifiant. Celui-ci représente la possibilité d'apaiser un sentiment d'impuissance et de culpabilité tout en prenant de la distance par rapport à sa propre famille.

---

3. Maurizio Andolfi, Claudio Angelo et Marcella de Nichilo Andolfi, *Temps et mythe en psychothérapie familiale*, ESF, 1990, p. 101.

4. Faculté de créer des mythes.

Prendre une place de professionnel, c'est aussi concilier la loyauté au mythe familial avec l'adaptation et l'assouplissement nécessaires à l'intégration sociale. Le risque de l'impasse s'éloigne pour laisser la place à l'évolution des rôles de chacun, à la circulation de la parole autour du handicap, au développement pour chacun de son autonomie, de sa capacité à grandir et à fonder sa propre famille. Le choix professionnel implique aussi l'acceptation de la réalité du deuil, du manque, de la déficience qu'implique le handicap : le renoncement à la toute-puissance. Le professionnel apprend tous les jours cette humilité des petits pas, il est ainsi préparé à l'accepter dans sa propre famille. Il enrichit, étoffe son histoire singulière par son vécu professionnel.

S'il parvient à intégrer les deux niveaux, il arrivera à résoudre le paradoxe du semblable – son frère, sa sœur – et du différent, inéluctablement autre – le handicapé –, dont il voit jour après jour qu'il est avant tout une personne humaine et qu'il doit être reconnu comme telle par ses frères humains.

Sylvie Gélas

Nathalie et François

Nathalie, née en 1955, est l'aînée de cinq enfants. Viennent après elle Sylvie, en 1957, Annie, en 1958, Philippe, en 1961, et François, un petit frère arrivé en 1970. François est né à la suite d'une grossesse dont les risques annoncés par le corps médical ont été ignorés par la maman de Nathalie. D'autres accidents de santé ont par la suite encore fragilisé le petit garçon, qui est aujourd'hui psycho-handicapé. Nathalie s'est beaucoup occupée de son petit frère. Elle avait quinze ans au moment de la naissance de François et souhaitait s'occuper plus tard d'enfants. Elle est aujourd'hui nourrice agréée.

Papa était conducteur de bus. Il s'est marié avec maman tout de suite après la guerre. Elle était fille unique, orpheline de mère. Lorsque je suis née, ma mère se sentait très dépressive. Le décès de son père un mois avant ma naissance l'avait beaucoup perturbée. Ma sœur est arrivée l'année suivante. Mes parents ont alors décidé de revenir dans la région d'origine de ma famille paternelle, où ils ont pris un commerce de bonneterie et d'accessoires pour femmes dans un gros bourg. Maman tenait la boutique et mon père faisait les marchés. C'est là que sont nés nos autres frères et sœurs. François était le petit retardataire... celui que l'on n'attendait plus ! Pour tout avouer, nous, les aînés, n'étions pas ravis de la venue prochaine de ce bébé. Nous étions sortis des jupes de notre mère et avions acquis un peu de liberté que nous n'étions pas prêts à sacrifier !

Il y a eu en 1970 de nombreux cas d'hépatite. Ma mère, alors qu'elle était enceinte de quatre ou cinq mois, a été victime de cette épidémie. Les risques de cette maladie pour les femmes enceintes sont connus. Maman avait téléphoné dans un grand centre hospitalier et avait été avertie des dangers d'anomalie pour le bébé à venir. Son médecin lui avait conseillé une interruption thérapeutique de grossesse. Je commençais mes études dans le secteur sanitaire et social et je savais aussi que l'enfant pouvait avoir des soucis de santé, cependant difficiles à apprécier. Ma mère était très opposée à l'avortement et, malgré tous ces avertissements, elle n'a rien voulu savoir. Je crois qu'elle aimait être enceinte. Nous grandissions, nous nous détachions d'elle et elle voulait ce dernier enfant.

N'écoutant que ses convictions et son expérience, elle a souhaité que le bébé naisse à la maison, comme cela avait été le cas pour Annie et Philippe. Compte tenu des études que je faisais, je trouvais qu'accoucher à la maison, c'était prendre des risques inutiles. Maman s'était beaucoup occupée des conditions d'hygiène de la naissance. Cependant, nous savions tous que les risques étaient ailleurs. Maman porte incontestablement une part de responsabilité dans ce qui s'est passé par la suite. La sage-femme est arrivée en temps et en heure. Elle était expérimentée : François était le dernier bébé qu'elle faisait naître. Elle était à la retraite le lendemain même. Le petit faisait plus de trois kilos et mesurait cinquante-deux centimètres.

Deux jours après sa naissance, François était cyanosé et secoué de convulsions. Nous avons appelé le médecin de famille qui, sans attendre la venue d'une ambulance, a demandé à mon père de filer à l'hôpital des enfants malades, à cent cinquante kilomètres de là.

Je me suis installée à l'arrière de la voiture avec le bébé et je l'ai tenu tout le long du voyage. Je voyais qu'il allait mal. Il se raidissait, son petit corps se tétanisait. Je ne pensais pas à la mort. Je voulais juste que l'on soit le plus vite possible à l'hôpital. Mon père ne parlait pas, il fonçait. Si nous ne connaissions pas l'extraordinaire gravité de l'état de François, nous mesurions la nécessité qu'il y avait à faire au plus vite. Quand nous sommes arrivés, les infirmières nous ont pris le bébé. Nous avons attendu une heure. Quand les médecins sont enfin venus nous voir, ils nous ont dit qu'il fallait être inconscient pour avoir fait naître cet enfant à domicile, compte tenu de cette grossesse à risques. Il aurait dû venir au monde dans un centre hospitalier. Ils n'étaient pas sûrs que François passe la nuit. Le mieux, selon eux, était de rentrer chez nous et de dire à la mère du bébé que tout allait bien. Il était convenu qu'ils nous rappelleraient le lendemain.

Le retour a été pire que l'aller. Mon père était très malheureux. J'étais assise sur la banquette arrière de la voiture, mais je crois qu'il a pleuré. Je pense, pour ma part, que ce petit bébé dont je ne voulais pas est devenu cette nuit-là mon petit frère pour toujours.

Quand l'hôpital a appelé le jour suivant, ma mère a décroché la première. François était vivant. Il s'est passé un mois avant que nous puissions le reprendre. Nous devions veiller à ce qu'il n'ait pas de fièvre ni de convulsions. L'un des risques de l'hépatite était qu'il ait des problèmes de locomotion. À neuf mois, il marchait ! Son développement était normal. Tout allait bien jusqu'à ce qu'une méningite se déclare à l'âge de dix-sept mois. Une nouvelle fois, il était entre la vie et la mort... Les médecins qui le soignaient nous ont dit que, si François s'en sortait, il leur était impossible d'estimer les séquelles qu'il garderait.

L'attitude de François vis-à-vis de maman a commencé à changer au moment de cette hospitalisation. Dans un premier temps, il était sanglé dans son lit. Quand il nous apercevait, il hurlait et se débattait. Il voulait qu'on le prenne. Il nous a donc été conseillé de nous cacher. Un peu plus tard, maman a été autorisée à venir le faire manger. Il n'avait pas faim, mais elle voulait absolument qu'il se nourrisse. Les infirmières ont dû écarter maman. François a fait alors une sorte de régression. À deux ans et demi, il ne parlait plus, hurlait, s'agitait, et refusait tout. Maman faisait mine de ne rien remarquer alors qu'il était manifeste que François allait très mal.

J'avançais dans mes études, je faisais des stages auprès d'enfants handicapés et je trouvais des exemples très proches du cas de François. Je ne comprends pas comment ma mère, qui avait eu quatre enfants avant François, pouvait nier la différence de développement de ce petit garçon.

Enfin, à l'âge de huit ans, François a pu passer des radiographies du cerveau qui ont mis en évidence que la zone de Broca, la zone dédiée au langage, était altérée. Se sont ajoutées à cette déficience des pathologies psychologiques plus difficiles à cerner. Certains retards proviennent incontestablement de l'absence de vie en collectivité et de la façon dont ma mère, inexpérimentée, s'occupait de lui. Elle a toujours refusé de laisser François « s'épanouir » à l'extérieur. Il devait rester à la maison. C'est sa place, même si elle a longtemps eu de nombreuses activités associatives, sans rapport, d'ailleurs, avec le handicap de mon frère.

Dépressive depuis très longtemps, ma mère est, selon les psys, hypocondriaque, névrosée, hystérique et mythomane. Mais elle cache bien son jeu. Elle se convainc que son fils va bien. Elle l'a mis à l'école, considérant que l'instituteur devait lui consacrer la majeure partie de son temps. François a été placé, ponctuellement, dans des centres proches de la maison qui ne présentaient aucun intérêt pour lui si ce n'est la proximité de la maison de mes parents. Mais ces institutions n'étaient en rien adaptées aux déficiences de mon frère. Il a fait quelques allers et retours, revenant toujours chez maman. François la craint terriblement. Elle en a fait sa chose, au point que, lorsque mon père s'absentait deux ou trois jours, maman faisait dormir François dans son lit.

Aujourd'hui François parle, avec énormément de difficultés, s'habille seul, mange et se lave seul. Il ne sait ni lire ni écrire. Il fait du vélo toute la journée dans le bourg, débarque chez ses oncles et tantes sans crier gare, ce qui ne manque pas de poser des problèmes. Il veut devenir pompier.

Notre mère a besoin de paraître, et François est un échec qu'elle occulte. Nous avons donc décidé, nous, ses frères et sœurs, d'en savoir un peu plus sur la réalité du handicap de notre cadet et sur la relation que notre mère avait établie avec lui. Elle nous disait sans cesse que François allait très bien. Ce n'est pas ce que le psychiatre nous a avoué. Il considère que François ne peut pas parler, mais qu'il est normalement intelligent, qu'il n'est ni autiste ni psychotique, mais simplement entravé dans son développement intellectuel par notre mère, dont il aurait fallu le séparer.

Pourquoi cette résistance à le laisser aller et s'épanouir dans un milieu adapté ? Pourquoi exiger que François soit là, dans la mesure où elle ne s'en occupe pas ? Pourquoi critiquer tous les personnels soignants ou enseignants à qui il a eu affaire ? Pourquoi refuser une place dans un CAT que nous, les frères et sœurs de François, avions obtenu de haute lutte pour lui, la DDASS étant très favorable à son placement ?

Nous pensons avoir obtenu une partie de la réponse le jour où Philippe, notre autre frère, s'est marié. Ce jour-là, François n'avait rien à se mettre. Une de mes sœurs est allée lui acheter des vêtements. Nous avons compris que notre mère se servait de l'argent de François. Elle gérait en effet son allocation adulte handicapé. Elle touchait aussi une somme mensuelle au titre de sa présence auprès de son fils. Nous aurions aimé qu'un médiateur puisse intervenir dans ce conflit qui, désormais, nous opposait à notre mère. À l'époque, cela n'était pas possible. En 1996, nous avons fini par nous adresser au tribunal. Nous ne portions aucun jugement sur notre mère, mais nous étions très tristes pour François, qui aurait pu être tellement plus heureux, épanoui et autonome. Nous voulions aussi que ses intérêts matériels soient protégés.

Maman a toujours besoin d'argent. Elle satisfait en permanence des envies compulsives qui sont souvent le signe de son déséquilibre profond et sans doute de sa dépression. Nous aurions souhaité que le tribunal prenne en compte le mal-être profond et déjà ancien de notre mère. Nous nous sommes présentés devant le juge sans avocat... notre mère avait fait venir un ténor du barreau. Finalement, elle a perdu la tutelle de François au profit de notre père... ce qui ne change rien, fondamentalement ! Notre père est dépassé par les événements ; il craint sa femme et il est par ailleurs incapable de tenir un budget, car maman ne lui en a jamais laissé l'occasion.

Je ne dis pas que maman n'aime pas mon frère, je dis qu'elle l'utilise.

Cette histoire a pris une telle place dans ma vie que, il y a quelques années, elle est devenue obsessionnelle. Tout tournait autour de François et j'oubliais ma famille, mon foyer, mes enfants. Mon propre fils s'est senti exclu. Il est devenu morose, ses résultats scolaires ont chuté. Ma fille, plus jeune, a moins souffert que son frère, semble-t-il. Nous avons décidé de faire une thérapie familiale pour que les choses reprennent leur véritable place. Il est apparu, lors de cette thérapie, que pour moi, mon frère était plus qu'un frère. Cela s'explique : j'avais quinze ans quand il est né et les premières heures de sa vie ont marqué notre relation. Ma mère était souvent absente, je l'ai remplacée auprès de François. Enfin, j'étais « dans le métier » et je mesurais, mieux que n'importe qui, les difficultés de mon petit frère. Je me suis substituée à ma mère, d'autant qu'elle m'a empêchée d'aller plus loin dans mes études pour que je reste à la maison et la supplée auprès du bébé. M'occuper de mon frère était une obligation à laquelle je prenais un immense plaisir. Il est arrivé un moment où cette concurrence entre ma mère et moi est devenue insupportable. Il n'y avait qu'une solution : prendre de la distance.

Ce qui fut fait, à la suite d'un incident dont mon fils a souffert. L'une des rares fois où je l'ai laissé chez ma mère, François a eu à son égard des gestes déplacés. La rupture s'est faite à ce moment-là. Reste que

François vient à la maison. Mon mari a une belle relation avec lui. Il se sent bien chez nous, se détend et parle. Il m'a dit récemment : « Moi, tuer maman. » Je me suis fâchée et l'ai bien mis en garde. Maman m'a ensuite reproché de l'avoir incité à proférer cette menace. J'ai demandé à François, devant ma mère, s'il en avait été ainsi. Fort heureusement, il a osé contredire ma mère et me défendre. Il est aussi conscient des limites, de la prison.

Ma mère a tout prévu au cas où il lui arriverait quelque chose. Elle souhaite qu'il soit placé dans une maison de retraite. Je ne vois pas ce que ferait François dans une maison de retraite ! Ce qui est certain, c'est que je ne le prendrai pas chez moi, même si ce n'est pas l'envie qui m'en manque. Je suis tellement proche de lui, je lui suis tellement attachée que je perçois chez lui des choses que les autres ne voient pas. François est un être très intuitif. Cependant, avec mes frères et sœurs, nous souhaitons qu'il aille dans un CAT. Je crois bien que le plus lourd est à venir.

Une responsabilité, qu'en dit le droit ?

Pouvoir se dire au revoir sans se dire adieu

Pierre Barbet, avocat honoraire, spécialiste en droits des personnes et médiateur.

À la lecture du témoignage de Nathalie, il est demandé au juriste que je suis de donner un éclairage sur les droits et devoirs des frères et sœurs d'un handicapé. L'objectif paraît simple, et je m'efforcerai d'y répondre par quelques indications, malgré tout schématiques, sur ce que le droit, dans sa fonction première, prévoit pour assurer la protection de la personne, soit en raison de son âge, soit en raison d'une altération de sa santé. Cependant, de ma place d'avocat, ce « récit », riche d'informations, chargé d'émotion, pose question.

Quelle est la demande de Nathalie lorsqu'elle s'adresse à la justice, alors et surtout que l'on perçoit une insatisfaction dans les réponses qui ont été apportées à sa demande ? Il nous faut prendre ce récit, donné sous la forme d'un témoignage, pleinement pour ce qu'il est. Il constitue l'évocation, à un moment donné, d'une histoire « personnelle », aussi intense que douloureuse. C'est donc avec précaution que j'aborderai la problématique de ce que j'appelle l'« élucidation » de la demande exprimée par Nathalie.

En conclusion, je proposerai d'évoquer l'usage polysémique du terme de séparation.

Le cadre juridique

Lorsque la loi considère l'individu ou, autrement nommé, la personne, elle lui reconnaît un certain nombre de « pouvoirs » en fonction de ses « capacités ». Le terme de capacité doit être entendu en son sens juridique, et le mieux, sans en abuser, est de citer deux articles du Code civil :

> La majorité est fixée à dix-huit ans accomplis ; à cet âge, on est capable de tous les actes de la vie civile. Est néanmoins protégé par la loi, soit à l'occasion d'un acte particulier, soit d'une manière continue, le majeur qu'une altération de ses facultés personnelles met dans l'impossibilité de pourvoir seul à ses intérêts. Peut pareillement être protégé le majeur qui, par sa prodigalité, son intempérance ou son oisiveté, s'expose à tomber dans le besoin ou compromet l'exécution de ses obligations familiales[1].

> Lorsque les facultés mentales sont altérées par une maladie, une infirmité ou un affaiblissement dû à l'âge, il est pourvu aux intérêts de la personne par l'un des régimes de protection prévus aux chapitres suivants. Les mêmes régimes de protection sont applicables à l'altération des facultés corporelles, si elle empêche l'expression de la volonté. L'altération des facultés mentales ou corporelles doit être médicalement établie[2].

De sa naissance à l'âge de dix-huit ans révolus (exception faite d'une émancipation possible à l'âge de seize ans), l'enfant demeure sous l'autorité de ses père et mère. Cette autorité dite parentale est entendue comme « un ensemble de droits et de devoirs ayant pour finalité l'intérêt de l'enfant [...] pour le protéger dans sa sécurité, sa santé et sa moralité, pour assurer son éducation et permettre son développement, dans le respect dû à sa personne ». « Les parents associent l'enfant aux décisions qui le concernent selon son âge et son degré de maturité. »

---

1. Article 488.
2. Article 490.

La coparentalité, évolution positive de notre droit, conférée au père et/ou à la mère, demeure, si besoin en est, contrôlée, voire sanctionnée, par différents dispositifs juridiques et juridictionnels, tels que :

– le juge des tutelles, dont la compétence essentielle porte sur les intérêts patrimoniaux des personnes protégées ;

– le juge aux affaires familiales, dont l'une des compétences porte sur les modalités d'exercice de l'autorité parentale ;

– le juge des enfants, dont l'une des attributions, dans le cadre de l'assistance éducative, est d'assurer la protection de l'enfance en danger.

Cette complexité manifeste, qui au demeurant peut apparaître inutile, ne doit pas cacher des différences de logique, dont le maintien est utile à la résolution de situations donnant lieu à des litiges bien différenciés. Ainsi, il peut y avoir nécessité de protéger les intérêts patrimoniaux d'un mineur alors que les parents s'entendent entre eux, à l'occasion par exemple du versement d'une indemnité d'accident. Un conflit entre deux membres d'un couple, à propos de l'exercice de l'autorité parentale, n'est pas synonyme de mauvais traitement à enfant, et chaque juge dispose d'un arsenal juridique normalement approprié. L'enfant, comme sujet de la loi, occupe une place protégée, et on peut voir, à l'énoncé des textes, qu'il n'est pas porteur de droits ni d'obligations personnelles dans ses rapports directs avec les frères et sœurs, en dehors bien sûr des atteintes morales ou physiques que l'un causerait à l'autre.

Le départ

À la naissance de François en 1970, Nathalie n'a que quinze ans. La survenue d'événements dramatiques l'atteint tel un véritable séisme. L'apparition du plus jeune enfant de la fratrie vient violemment heurter des équilibres familiaux plus ou moins fragiles.

Ma sensibilité d'avocat m'alerte quant à une désignation trop rapide des responsabilités, alors et surtout qu'en l'état nous font défaut des informations médicalement indiscutables relatives aux conditions de l'accouchement et aux conséquences cliniques de l'« épidémie d'hépatite ».

N'est-ce pas le poids du handicap de François qui révèle ces conséquences dans la poursuite du récit, alors que chaque enfant est devenu adulte ? Hormis le handicap, la critique des choix parentaux n'est-elle pas un *modus operandi* usuel dans la construction des relations parents-enfants ? La tendance actuelle, pour ne pas dire la tentation, ne serait-elle pas d'avancer l'idée que l'enfant, centre du droit de la famille récemment promulgué, aurait à être consulté sur tout ce qui concerne « sa » personne, y compris la venue ou non d'un frère ou d'une sœur ?

Je rappellerai la formulation, que je trouve pour ma part pertinente, de Pierre Legendre qui, dans *La Fabrique de l'homme occidental*[3], rappelle : « Les parents sont les parents, les enfants sont les enfants. » Repris en boucle, ce leitmotiv, décrié par certains, peut aider à rappeler le « cadre » dans lequel évoluent les relations enfants-parents, à moins que la question des rôles et des places ne soit remise en jeu à nouveaux frais.

« François n'avait rien à se mettre »

Nathalie se montre très critique à l'égard de sa mère dans sa « gestion » (au plein sens du terme) des intérêts de son frère François. Nathalie, ses sœurs Sylvie et Annie et son frère Philippe saisissent le « tribunal » en 1996. Pour éclairer juridiquement cet épisode, il convient de préciser les points suivants : au plan général, et malgré la capacité accordée par l'article 488 du Code civil, bien que l'âge de la majorité soit atteint, le législateur comme la jurisprudence ont toujours envisagé un certain nombre de circonstances où de jeunes majeurs vont devoir continuer à compter sur leurs parents qui restent tenus de subvenir à leurs besoins, pour une période plus ou moins durable. Un décret de 1975 a d'ailleurs institué une véritable minorité prolongée permettant une protection judiciaire des jeunes majeurs en difficulté âgés de dix-huit à vingt et un ans.

Pour les majeurs dont les facultés mentales sont altérées mais qui, de par leur âge, ont quitté la sphère de l'autorité parentale, la loi met en place ces organes de protection brièvement décrits : sous l'égide et le contrôle du juge des tutelles, un conseil de famille peut être convoqué ; avec une liberté de choix, le juge constitue ce conseil parmi les parents et alliés, en veillant à assurer une représentation des deux

3. Pierre Legendre, *La Fabrique de l'homme occidental*, Mille et une nuits, 2000.

branches familiales de la personne protégée ; il peut faire appel à des tiers dont la proximité, l'âge et l'intérêt pour la personne protégée indiquent l'opportunité de leur désignation ; le nombre des membres de ce conseil est restrictif, puisqu'il est légalement fixé entre quatre et six personnes. Son rôle, par ailleurs consultatif puisque tout acte décisionnel appartient au juge, est de désigner un tuteur ; il pourvoit au remplacement de celui-ci, si besoin est. Il détient un pouvoir de contrôle, puisqu'il peut procéder à sa destitution si des circonstances graves le requièrent (article 406).

Sans qu'il soit utile d'aller plus avant dans l'exposé juridique, il importe d'évoquer deux informations supplémentaires : qui peut saisir le juge ? sur quoi porte la protection ?

L'article 493 énumère limitativement les personnes ayant pouvoir de saisir le juge. Cette liste inclut bien évidemment les frères et sœurs, le médecin traitant, le procureur de la République. Il est intéressant de noter que le majeur lui-même peut saisir le juge selon son degré de discernement, mais, bien plus, les proches ou amis peuvent alerter le juge, qui se saisit alors d'office.

Peut-être est-il bon de rappeler qu'il est du devoir de chacun, informé de circonstances laissant entrevoir la nécessité d'une mesure de protection, d'agir, à tout le moins par voie de signalement.

Il y a une marge entre se sentir concerné par une nécessité de « protéger » autrui et s'occuper indûment des « affaires des autres ». Comme pour le choix de saisir tel juge plutôt que tel autre, un avis juridique sur l'opportunité ou non d'agir constitue une bonne indication de consultation. Le conseil préalable est plus efficace, voire moins onéreux qu'une procédure mal engagée, même si elle est apparemment bien fondée. La protection de la personne dans ses intérêts patrimoniaux pour les faits ou actes juridiques qu'elle aurait souscrits, sans assistance ou représentation, est assurée par la nullité en les rendant de la sorte inopposables ou sans effet. En outre, la responsabilité de la personne protégée, notamment dans les atteintes qu'elle pourrait porter à autrui, peut se trouver diminuée, voire déclarée inexistante. Mais le droit rencontre ses limites dans la formulation de protection liée aux choix de vie, à l'inscription sociale, ou à l'opportunité de relations de dimension psychoaffective. Le droit, comme l'interventionnisme de l'État, par un contrôle social trop strict, porterait atteinte à la sphère privée. Protéger, c'est aussi tenir compte des liens juridiques et affectifs déjà établis, ainsi que de l'expression de la part de la volonté de la personne à protéger. Des progrès ont été faits dans la prise en compte de critères objectifs relatifs notamment à la norme de soins, mais il s'agit toujours d'une appréciation au cas par cas, et humainement faillible.

« Un ténor du barreau »

Hormis la vision théâtrale de la scène judiciaire et en l'absence de connaissances précises des éléments du dossier, il faut demeurer prudent quant au « jugement » qui pourrait être – hâtivement – porté sur la situation que donne à voir ce témoignage. Dans le plus profond respect, nous nous devons de prendre avec précaution les mots, descriptions et qualifications employés par Nathalie à l'égard d'une mère qui « fait mine », c'est-à-dire qui nie le handicap d'un enfant fragile pour ne plus voir que cette seule fragilité de François, qu'elle conserverait à demeure. Dans ce cas, le droit n'est pas indifférent à la réelle divergence d'intérêts qui peut exister entre François et sa mère. Il est un principe juridiquement établi dans notre droit que toute divergence d'intérêts impose un système de protection par la mise en place d'une séparation. La séparation ne veut pas dire la rupture des relations, mais, comme nous le verrons plus loin, la mise à distance ou l'autonomie. C'est probablement « à la vue » de ces éléments que le juge a pris la décision de remplacer la tutelle maternelle par celle du père.

« Nous avions souhaité que le tribunal... »

C'est à bon droit que les frères et sœurs de François ont saisi le « tribunal » (il faut entendre par là le juge des tutelles). Mais la question que ce récit nous pose est-elle vraiment là ? En l'absence du colloque singulier entre Nathalie et l'avocat que je suis (et qu'au demeurant elle n'a pas choisi), je m'interroge sur le contenu exact de sa « demande en justice ». Sans y apporter la moindre interprétation, je citerai deux phrases :

– « Nous aurions aimé qu'un médiateur puisse intervenir dans ce conflit qui, désormais, nous opposait à notre mère » ;

– « Nous aurions souhaité que le tribunal prenne en compte le mal-être profond et déjà ancien de notre mère ».

Comment, pour un avocat, aider Nathalie à faire la lumière, c'est-à-dire élucider la portée tant juridique qu'humaine de l'action qu'elle a décidée, avec ses frères et sœurs, d'entreprendre ? Dans son témoignage, Nathalie évoque une histoire autant personnelle que liée à celle de son frère, dans ses relations avec sa mère. Ses appréciations comme ses sentiments sont logiquement complexes et, en désignant d'un terme général le « tribunal », n'invoque-t-elle pas l'*instance* omnisciente, dispensatrice de droit qu'elle saisirait en ultime recours pour mettre « de la séparation » entre elle-même, François et sa mère, comme pour apporter du soin ? Et du soin de qui ? Sa générosité comme sa souffrance ne l'avaient-elles pas incitée à espérer qu'« un médiateur puisse intervenir dans ce conflit ». Cette aspiration peut me permettre de confirmer mon questionnement sur la « demande ». Le travail d'« éclairement » ou d'« élucidation » se distingue de celui qui peut se faire avec l'aide d'un thérapeute, portant sur l'élaboration de cette même démarche.

Faire la lumière, c'est d'abord distinguer deux termes qui sont aujourd'hui, même dans les textes législatifs, très abusivement indifférenciés. Pour le juriste que je suis, « conflit » et « litige » sont des concepts aux contenus et aux portées bien distincts. Le dictionnaire historique de la langue française m'est d'un précieux secours pour illustrer mon propos. Le conflit ressortit tout d'abord au choc, à la conflagration entre personnes. Il est en outre, et depuis le travail d'élaboration freudien, en 1949, la « résolution d'un débat ou conflit intérieur » résultant de sentiments contradictoires. Le litige, quant à lui, est un terme juridique qui représente le fait de soumettre au juge un différend que ce dernier doit trancher. De la sorte, on peut comprendre la déception de Nathalie au sortir du tribunal...

« Ce qui ne change rien, fondamentalement ! »

Cette déception, combien de fois l'ai-je rencontrée ! Pour y remédier, j'avance l'hypothèse que le travail d'élucidation n'a pas été fait, ou alors insuffisamment. Le litige, pour être réglé, fait appel à la seule technique du droit. Le conflit avec soi-même ou autrui implique de saisir d'autres professionnels œuvrant dans la santé. Aider à « élucider la demande » aurait peut-être permis de mieux discerner les objectifs. Élucider la demande, c'est aussi mieux cerner les termes, en fait et en droit, du débat. C'est aussi, et autant, éclairer le juge. En clair, c'est instaurer un débat respectueux de chaque partie directement concernée par le litige. De telle sorte que, ce travail d'éclairement étant proposé, les « personnes concernées » peuvent avoir une chance de distinguer ce qui est de l'ordre du juridique de ce qui est de l'ordre du symbolique. C'est avec une grande souffrance, et non sans lucidité certaine, que Nathalie décrit sa perception du mode relationnel qui s'est instauré dans sa famille d'origine. C'est probablement avec angoisse qu'elle s'inquiète et s'interroge sur l'avenir de François et de ses parents.

Il eût peut-être été opportun de se poser la question d'indiquer le ou les intervenants professionnels possibles pour aider à la résolution du « conflit ». Rappelons ici que le médiateur, comme la médiation, intervenants nouveaux dans le panel des aides à la résolution des conflits, n'a son indication qu'en faisant appel au libre consentement des personnes opposées, et relève de techniques, de bases théoriques et de déontologies qui demandent à être encore précisées. Aucun professionnel, dans sa spécialité et avec ses techniques, ne doit ignorer l'autre, mais chacun couvre des domaines distincts, et mauvaise œuvre font ceux qui confondent les contours. Aujourd'hui, le législateur assigne au droit de la famille le soin d'« apaiser les conflits ». N'est-on pas en train d'ajouter à la confusion déjà grandissante en demandant au juriste d'assumer une tâche qui fait appel à tant de sciences tellement éloignées du droit ?

Pour conclure, je me permettrai de rappeler que le lien juridique parents-enfants suppose paradoxalement leur distinction, c'est-à-dire leur séparation. Le lien de filiation est, en droit, ce qui unit un individu né viable à son père et/ou à sa mère. Le désastreux contresens serait d'entendre ligature, inséparables, lorsque l'on parle des liens généalogiques.

Si le lien de filiation est entendu par les parents, comme par les enfants, dans le sens d'un apprentissage à l'autonomie, alors pourront être vécues les séparations, et point ne sera besoin de ruptures, qu'elles soient violentes, définitives ou inscrites dans des procès à répétition.

Pierre Barbet

Câline et Jeanne

La famille comptait neuf enfants : Marcel, né en 1929 ; Alfred (aujourd'hui décédé), en 1930 ; Éliette, en 1932 ; Jean-Pierre, en 1934, André, en 1936 ; Michel, en 1938 ; Jeanne, en 1942 ; Jacques, en 1944, et Câline en 1946. Alors qu'en 1999 Alfred est très malade, Câline est victime d'une rupture d'anévrisme. Toute la fratrie est très solidaire, peut-être parce que tous les frères et sœurs se suivent de près : ils se mobilisent autour de leur cadette... mais ce sont ses deux sœurs, Éliette et Jeanne, qui sont à son chevet alors qu'elle est plongée dans un profond coma. Ces deux grandes sœurs avaient déjà été mises à contribution en 1950, lorsque leur papa, artisan, avait été très malade. Elles avaient alors pris en charge cette petite sœur âgée de quatre ans afin que leur mère soit plus disponible pour soigner son mari. Câline a treize ans lorsque son père décède. Elle devient alors la petite protégée de tous ces grands frères et sœurs. En 1999, tous vivent son accident vasculaire cérébral comme une terrible injustice, au point que Jeanne se souvient de tous les détails de cette période.

Je travaillais à l'époque dans un laboratoire d'analyses médicales. Ma nièce, la fille de ma sœur Câline, m'a téléphoné pour m'annoncer que sa mère était à l'hôpital et que, compte tenu de son état, on attendait l'hélicoptère pour la transporter au CHR le plus proche. Son état était critique : le scanner avait mis en évidence une rupture d'anévrisme. Je suis allée immédiatement à l'hôpital local où elle avait été transportée et je n'ai eu que le temps de voir passer le chariot sur lequel Câline était allongée. Cette image est restée dans ma mémoire : Câline était entre la vie et la mort.

Immédiatement, la nouvelle a fait le tour des frères et sœurs. Nous avons en revanche attendu qu'elle aille un peu mieux pour prévenir notre frère Alfred, à cette époque très malade. Câline a mis longtemps avant de pouvoir se déplacer pour se rendre au chevet d'Alfred. Celui-ci, sans nous le dire, pensait que nous lui cachions la vérité et qu'elle était morte. Fort heureusement, Câline et Alfred ont pu se revoir plusieurs fois avant qu'il ne meure.

Ce 4 avril, donc, deux de ses filles, Corinne et Valérie, ont accompagné leur maman jusqu'au CHR. Elles étaient très inquiètes. Câline avait été découverte chez elle par l'une de ses filles, étonnée qu'elle ne réponde pas au téléphone. Sans doute s'était-elle sentie mal : elle avait vomi près de son lit et elle était allongée dans le couloir près du téléphone. Elle était dans le coma depuis une douzaine d'heures.

Au CHR, l'équipe médicale a confirmé le diagnostic. Câline est restée en réanimation pendant trois jours, et le mardi 6 avril – le lendemain du lundi de Pâques, je m'en souviendrai toujours –, elle a été opérée de son anévrisme. Ses filles, Corinne, Muriel et Valérie, n'ont pas été autorisées à la voir avant qu'elle ait subi cette intervention.

J'étais, du fait de mon métier, en relation avec le milieu médical, et donc plus aguerrie. J'ai soulevé les draps et j'ai compté tous les points qui la reliaient à des machines. Il y en avait quatorze, qu'il s'agisse de perfusions, de sondes, de drains ou de la trachéotomie qui lui permettait de respirer. Après cette intervention, les médecins ont maintenu notre sœur dans un long et profond coma artificiel. Ses trois filles se sont relayées à son chevet chaque jour. Elles sont croyantes et ont beaucoup prié, convaincues que leur foi aiderait leur mère à survivre. Dans des cas comme celui-là, chacun puise au fond de lui les ressources ou les moyens qui lui permettront de traverser les épreuves et d'espérer que tout finira par rentrer dans l'ordre. Éliette et moi venions la voir deux à trois fois par semaine pendant la période de son coma et les semaines qui ont suivi ; nos frères venaient dès qu'ils le pouvaient, et souvent le week-end. Nous avons scrupuleusement fait ce que le médecin nous demandait : nous devions parler sans cesse à notre sœur, la toucher, la stimuler... Nous évoquions les membres de notre famille, nous prononcions le nom de chacun d'entre eux. Nous avions apporté des photos en prévision du moment où elle reviendrait à elle. Il était absolument impossible, dans notre esprit, que Câline puisse mourir, impossible aussi qu'elle puisse rester dans cet état. Non seulement c'était impossible, mais nous trouvions terriblement injuste que cet accident soit arrivé à notre petite sœur. Elle était la plus jeune d'entre nous...

Le chirurgien ne pouvait pas nous donner beaucoup de renseignements. En revanche, il était là tous les soirs. Il attendait devant la porte de la chambre de Câline qu'Éliette ou moi sorte. Il nous a beaucoup aidées : nous lui disions ce que nous avions remarqué lors de notre veille, et lui nous disait ce qu'il pensait de l'évolution de l'état de santé de notre sœur.

Je me demandais si Câline nous reconnaîtrait. Quand elle a eu cet accident, j'ai bien cru qu'elle partait, qu'elle nous lâchait... et il était impossible de savoir dans quel état était son cerveau, quelles séquelles elle aurait.

La veille de son réveil, Câline a serré ma main. J'étais là le lendemain de ce jour, et il y avait avec moi sa fille Muriel et ma propre fille ainsi que mon gendre. Les choses se sont faites tout simplement. À un moment, elle a ouvert les yeux et m'a souri ! Ma fille s'est évanouie. Je n'ai pas fait attention à elle, mon gendre s'en est occupé. Câline était revenue parmi nous ! Je retrouvais celle que j'avais toujours connue, et elle semblait, comble du bonheur, reconnaître nos voix.

Au bout de quelques jours, elle regardait ceux qui étaient autour d'elle, mais elle ne parlait pas. Elle est restée aphasique. En revanche, elle semblait comprendre ce qu'on lui disait.

Les choses ont lentement évolué : nous lui avons montré les photos que nous avions apportées à l'hôpital peu après son accident. J'ai détaillé sur les clichés chacun des frères et sœurs. Quand je suis arrivée sur le visage d'Alfred, notre frère malade, elle a fait une petite grimace. Cela indiquait qu'elle se souvenait qu'il n'était pas bien. Ce n'était pas anodin du tout : elle avait conservé sa mémoire récente.

Le médecin a voulu savoir si elle se souvenait de choses plus anciennes. Je me suis alors enfermée avec elle dans la chambre. J'ai prononcé le nom de mon fils, décédé d'un accident vingt ans plus tôt, et elle a alors montré le ciel avec son index... Elle se rappelait ce qu'il était advenu de cet enfant.

Câline, en quittant l'hôpital pour le centre de rééducation, ne savait plus parler et était paralysée de tout le côté droit. En mai, j'ai pu la promener en fauteuil roulant dans le parc du CHR. Elle était tellement heureuse... C'était une sorte de renaissance.

Deux ans après son accident, Câline a enfin été autorisée à vivre seule dans un appartement. Elle habite sur le même palier que notre sœur Lili (Éliette) et elles se voient souvent, tout en ayant chacune leur propre maison.

Je pense que Lili et moi avons remplacé nos parents auprès de Câline pendant quelque temps. Même si elle nous a paru physiquement changée après son accident et au début de sa convalescence, jamais elle ne m'a semblé étrangère. Nous avions, Lili et moi, le sentiment de retrouver notre petite sœur, encore plus petite qu'avant. Il a fallu tout lui réapprendre, comme à un enfant, alors qu'elle avait été autrefois elle-même maman !

J'ai beaucoup pensé à nos parents pendant cette période. J'avoue que mon naturel maternel s'exprime dans de nombreux petits détails : je souhaite, par exemple, que Câline prenne sa canne quand elle va en ville. J'ai toujours peur que quelqu'un la bouscule et la fasse tomber. Cependant, je fais attention à la laisser faire, car elle n'aimerait pas qu'on la surprotège. Nous considérons que, depuis l'accident, la vie lui a accordé un bonus de cinq ans. En revanche je ne pense pas qu'elle puisse à nouveau avoir un accident de santé du type de celui qu'elle a déjà eu. Elle est très bien suivie et voit régulièrement le médecin qui l'a accompagnée tout le long de son hospitalisation. Je ne me suis jamais posé la question de savoir si ce type d'accident pouvait m'arriver et s'il y avait, par exemple, dans la famille, une hérédité. Ce sont les médecins qui ont rapproché des indices qui montrent que nous avons peut-être une fragilité vasculaire ou circulatoire.

Nous pensions que Câline ne récupérerait pas. Pourtant, elle y est arrivée à force de volonté et de travail. Cet acharnement est un aspect de la personnalité de notre sœur dont nous n'avions pas pris la mesure avant son accident. Elle a fait tous ces efforts pour ses filles, pour ses frères et sœurs, mais aussi pour elle-même. Elle fait ses devoirs consciencieusement et prend tous ses exercices de rééducation à cœur. Elle continue à voir l'orthophoniste, et je suis étonnée de certains mots qui lui viennent presque naturellement aux lèvres, alors qu'elle ne parlait plus. Son état fluctue selon qu'elle est ou non fatiguée, mais elle a retrouvé presque toutes ses facultés. J'ai l'impression qu'elle est plus battante aujourd'hui. Son instinct de conservation nous a tous impressionnés.

Elle a beaucoup changé et elle est, par exemple, devenue plus profonde. Elle va à l'essentiel et ne donne aux choses que l'importance qu'elles ont. Elle souhaite être incinérée, ce qui n'était pas le cas autrefois.

Je crois qu'Éliette et moi l'avons aidée, par notre présence permanente à ses côtés lors de son coma, à passer le cap qui la maintiendrait en vie. Nous l'avons ramenée à nous, à la vie. Cependant, c'est elle qui a fait tout le travail pour se remettre sur pied, marcher, parler, se mouvoir, redevenir autonome et garder le moins de séquelles possible. Par ailleurs, elle a vécu quelque chose que nous, ses frères et sœurs, n'avons pas connu... Elle a frôlé la mort. C'est un peu comme si elle avait pris de l'avance sur nous, elle, la plus petite, la cadette. Elle est, en ce sens, devenue notre aînée ! C'est ainsi qu'à son tour elle a sauvé la vie de Lili qui, récemment, a été victime d'un infarctus. Elle a appelé les médecins. Désormais, la cadette et l'aînée de mes sœurs se protègent mutuellement !

L'apport de l'entourage est incontestable. Les petits-enfants de Câline, par exemple, âgés de dix, six et demi et cinq ans au moment de son accident, ont été très présents auprès d'elle et très prévenants. Ils l'ont certainement aidée à se dépasser. L'accident de Câline a été terrible pour elle, mais aussi pour nous tous. Depuis cinq ans, le temps passant, les choses sont rentrées dans l'ordre. Nous avions tous confiance. Peut-être sommes-nous fatalistes ou d'incorrigibles optimistes. La peur, peu à peu, s'est effacée, et la vie a repris le dessus. Nous avons tous besoin, elle comme nous, de vivre normalement ! Et c'est ce que nous nous appliquons à faire.

Foi et handicap

Bruno de Béru, jeune prêtre dans une ville de province.

Le témoignage de Jeanne sur l'accident cérébral de sa sœur et sur les conséquences immédiates qu'il a entraînées dans la famille laisse apparaître que les filles de Câline étaient toutes trois croyantes et qu'elles se sont naturellement mises à beaucoup prier pour sa guérison. Pour elles, leur foi et leurs prières devaient aider leur mère à survivre.

Devant un événement difficile et désarmant, il n'est pas rare que la dimension religieuse de l'homme se fasse jour ou prenne place dans la vie. Chacun a fait l'expérience de se tourner vers l'au-delà lorsqu'un drame surgissait dans sa vie ou dans celle de ses proches. Le croyant se tourne spontanément vers son Dieu. Mais le non-croyant également. Qui ne s'est pas adressé à Dieu en disant : « Dieu, si tu existes, guéris Untel, veille sur telle personne » ? Et lorsque l'épreuve n'entraîne pas une prière de demande, notre rapport à Dieu prend la forme de la révolte.

Quelle que soit notre manière de réagir dans l'épreuve, Dieu, en tout cas, n'en est que rarement absent. Le handicap apportant son lot de difficultés dans la vie quotidienne, on peut alors légitimement se poser la question du rapport entre celui-ci et la foi. De quelle manière le handicap est-il accueilli chez les croyants ? Quelles conséquences sur la foi entraîne-t-il ? Quel est le rôle de la foi dans la manière de vivre au quotidien en contact avec le handicap ? Les réponses que je donnerai à toutes ces interrogations sont le fruit de la réflexion du jeune prêtre catholique que je suis. Elles sont aussi marquées par l'expérience que j'ai du handicap, mon frère aîné étant lui-même handicapé.

J'ai aujourd'hui trente-deux ans. Je suis le quatrième d'une famille de trois frères et deux sœurs, nés dans un intervalle de six ans. Notre frère aîné, Tanneguy, est né d'un accouchement difficile, à l'origine semble-t-il de son handicap. Dans notre enfance, il était toute la semaine dans un centre pour mineurs handicapés et ne revenait que le week-end. Lorsque nous avons commencé à avancer dans nos études, mes parents ont fait le choix de ne plus le prendre qu'une fois tous les quinze jours. Aujourd'hui, adulte, il ne sait dire que « papa » et « maman » et quelques syllabes telles que « até », « paté ». Cette incapacité à parler rend la communication difficile pour qui ne le connaît pas. Pour nous, ses frères et sœurs, pour ses éducateurs habituels, la communication est plus facile. Le langage qu'il s'est constitué à partir de gestes, d'intonations nous est familier, notamment en raison de son caractère répétitif. Il utilise une vingtaine de signes reflétant des moments, des personnes, des activités, des objets le concernant dans le quotidien.

Hormis la question de la communication, il marche, court, fait du vélo, mange seul, peut se laver presque seul. Il vit dans le foyer d'un centre pour handicapés. Mes autres frères et sœurs se trouvent dispersés dans un rayon de deux cent cinquante kilomètres autour de Périgueux, ville près de laquelle nous avons grandi. Nous avons fait le choix de nous occuper de lui à tour de rôle, le temps d'un week-end, tous les quinze jours. Très expansif, aimant toujours revenir à la maison, ces week-ends sont toujours pour lui une grande joie.

Aujourd'hui, il est celui qui fait le lien entre nous tous, il demeure un maillon fondamental de l'unité de notre famille. Cependant, l'influence qu'il a dans notre vie ne s'arrête pas au fait qu'il est celui qui nous réunit. Il nous a appris beaucoup de choses que nous n'avons perçues qu'une fois adultes. Pour moi, qui ai fait le choix de répondre à l'appel de Dieu en Lui consacrant ma vie, l'influence de mon frère n'a pas été sans importance.

De famille catholique pratiquante, je n'avais pas prévu initialement de devenir prêtre. Mais, progressivement, lors de mes études, la question est apparue au fond de mon cœur, au fur et à mesure que ma foi devenait non plus une foi héritée, mais une foi personnelle. C'est au contact de mon frère et à la lecture d'un livre écrit par Jean Vanier, fondateur de la Communauté de l'Arche, communauté accueillant des personnes handicapées, que, comme une révélation, j'ai compris que l'on ne peut rejeter ni uniquement se contenter de tolérer quelqu'un du fait qu'il ne ressemble pas à tout le monde. C'est alors que s'est inscrit en moi un goût profond pour l'Homme ainsi que la conviction que l'on peut apprendre de tous. Sans même que je le sache, la vie quotidienne au contact de mon frère m'avait préparé à cette révélation. Depuis mon enfance, j'avais été au contact de la différence dans ce qu'elle peut avoir de plus difficile à accepter, de plus radical. Peu à peu, j'ai pris goût à donner de mon temps aux autres, à rendre service, à découvrir la richesse qui se trouvait en chacun. L'appel à devenir prêtre s'est alors greffé sur ce terreau. Il m'apparaît aujourd'hui assez clairement que la proximité de Tanneguy dans ma vie a favorisé l'éclosion de ma vocation. Et aujourd'hui c'est en partie à lui que je dois ma manière d'être prêtre, notamment une certaine facilité de contact, l'absence d'appréhension devant les malades, les SDF ou les handicapés. Si mes autres frères et sœurs n'ont pas, de leur côté, opté pour des activités professionnelles à forte dimension sociale, ils pourraient cependant témoigner de l'incidence qu'a eu notre frère dans leur manière d'aborder la vie et les relations humaines.

Un cas de conscience

Le témoignage que je donne sur ce que m'a enseigné Tanneguy de la vie est un témoignage a posteriori. Il est le fruit d'une prise de conscience progressive de ce qui peut surgir de positif lorsque l'on vit avec un frère handicapé. Cependant, les choses n'ont pas été si simples, notamment pour mes parents. Cette difficulté vaut sans doute pour tous les parents confrontés à la différence d'un de leurs enfants, d'autant qu'aujourd'hui certains handicaps sont décelés avant la naissance. S'impose alors un choix. L'annonce du handicap d'un enfant à naître est une épreuve terrible pour des parents, tout comme peut l'être l'annonce qu'un proche est atteint d'une maladie grave ou a été victime d'un grave accident. Croyants ou non croyants sont alors soumis au même choc. Avoir la foi n'atténue pas sur le moment la douleur. Viennent à l'esprit toutes les interrogations possibles : « Pourquoi cela nous arrive-t-il à nous ? », « Qu'a-t-on fait pour mériter cela », « À quoi va ressembler ce handicap ? », « Est-ce que ce handicap sera vivable pour nous, pour le reste de la famille ? » Le désarroi s'installe et, pour le croyant, il peut entraîner l'une des deux conséquences suivantes dans le domaine de sa foi.

La première est le rejet de Dieu. Il est perçu comme étant la cause du malheur qui arrive. L'incompréhension est telle que son existence est remise en cause. Soit d'une manière claire, qui se manifeste par un arrêt radical de toute pratique religieuse comme la prière, la participation à la messe ou un engagement dans l'Église, soit d'une manière plus cachée mais tout aussi profonde, par une blessure intérieure qui ne fait plus de la pratique religieuse qu'une pratique extérieure, sociale, sans ressort intérieur. Dans les deux cas, Dieu est jugé comme le responsable, comme celui qui, s'il n'est pas la cause directe de ce qui est arrivé, n'en demeure pas moins celui qui a permis que cela se produise. Lui qui est dit tout-puissant n'a rien fait pour que l'enfant échappe au handicap. L'événement entraîne une rupture durable dans la relation du croyant avec Dieu.

La seconde conséquence possible fait de Dieu celui vers lequel le croyant va se tourner pour exprimer sa douleur. C'est le cri de Job, personnage biblique de l'Ancien Testament qui, alors qu'il était considéré comme un homme juste aux yeux de Dieu, perd dans une succession de malheurs tout ce qui faisait sur terre son bonheur : enfants, animaux, santé, richesses... Homme profondément religieux, il s'adresse alors à Dieu en allant jusqu'à se révolter contre Lui, à la limite du blasphème. Mais dans son attitude, qu'on pourrait juger irrespectueuse, il cherche en fait une réponse à l'énigme du mal. Contrairement à ceux qui couperaient tout lien avec Dieu, il maintient avec Lui une relation, sous la forme de la révolte certes, mais il la maintient. Devant l'annonce du handicap, certains parents croyants ont cette réaction. Leur colère face à Dieu n'est pas nécessairement le signe d'une perte de foi, mais plutôt celui d'une recherche de réponse à un événement qui les dépasse.

Dans ces moments difficiles et quand le handicap est décelé avant la naissance, d'autres questions peuvent surgir, notamment autour de la possibilité de l'avortement. Quand le handicap a été détecté suffisamment tôt par l'échographie ou l'amniocentèse, il n'est pas rare que l'IVG soit proposée spontanément par le personnel médical comme la solution à envisager. Dans cette situation, le couple croyant se retrouve seul face à sa conscience. On pourrait imaginer que, compte tenu de la position de l'Église catholique sur la question, position fondée sur la Bible et sur le respect absolu de la vie, de ses débuts jusqu'à sa fin naturelle, la réponse de tous les couples catholiques soit spontanément et fermement négative. Or c'est sans compter sur le cataclysme que représente pour un couple l'annonce du handicap de l'enfant attendu. C'est une chose que d'avoir réfléchi sur la question avant le mariage, que d'être opposé à la légalisation de l'avortement, et une autre de se trouver en situation réelle. L'incertitude devant le type de handicap, devant les conséquences qu'il aura sur la vie de couple ou sur la vie de famille peut rendre la décision moins évidente. Certains optent alors pour l'IVG. D'autres, vivant un véritable problème de conscience, finissent par la refuser et par accueillir l'enfant. Dans ces situations, la nécessité de prendre une décision peut créer dans le couple des tensions. Les points de vue ne concordent pas toujours entre les deux époux et le peu de temps dont ils disposent ne favorise pas toujours un climat favorable à un discernement serein. Enfin, il existe des couples pour lesquels la question ne se pose pas. Leur attachement à la foi, au respect absolu de la vie les incite à accepter l'enfant. Dans ce cas, lorsque l'équipe médicale se fait trop insistante pour le choix de l'IVG, les couples considèrent souvent cette attitude comme déplacée et blessante.

Il est bien sûr difficile de pouvoir chiffrer les proportions de ces trois catégories dans la population catholique touchée par l'annonce du handicap au cours de la grossesse. Nous pouvons honnêtement penser qu'il y a une corrélation entre le refus de l'avortement et l'attachement à la foi et à l'Église. Cependant, se lancer dans des approximations paraît périlleux, tant du côté des hôpitaux, car il n'est pas demandé à la future maman de décliner son appartenance religieuse, que du côté de l'Église, car le prêtre n'est pas spontanément sollicité pour donner son avis. Lorsqu'il est cependant mis dans la confidence de la décision à prendre, c'est que le couple, ou celui qui, dans le couple, vient demander conseil, cherche un soutien, une confirmation dans le choix pour la vie qu'il a déjà fait au fond de son cœur. De manière générale, l'attitude du prêtre consiste à écouter, à accompagner et à éclairer la conscience de ses interlocuteurs. La décision ultime revient toujours au couple, qui se retrouve devant l'abîme de la responsabilité qu'il porte sur les épaules, comme lors de tout cas de conscience délicat.

La foi qui aide

La foi est pour certains d'entre nous un soutien. Au premier abord, on aurait tendance à répondre que la foi apporte à ceux qui sont confrontés de près au handicap un réconfort plus qu'une plus grande facilité à accepter et à vivre la situation. N'entend-on pas souvent : « Oui, mais vous, vous avez la chance de croire » ? Pour ceux qui n'ont pas rejeté Dieu lorsque le handicap est survenu, la foi apparaît donc comme une chance. Et elle est vue comme telle par l'entourage. S'il est vrai qu'avoir la foi n'affranchit pas les proches des difficultés matérielles, du regard porté par les gens sur la personne handicapée, de la nécessité d'une plus grande disponibilité et donc de contraintes parfois lourdes, il n'en demeure pas moins vrai qu'elle aide à poser un regard différent sur les événements et les personnes. Cela s'explique par le contenu du message de Jésus dans l'Évangile, contenu dont je retiendrai trois éléments.

Le premier est le commandement très connu : « Aimez-vous les uns les autres. » On ne peut se dire chrétien si on ne cherche pas à faire de son mieux pour aimer ceux avec qui on vit. Ce qui ne veut pas dire que nous y arrivons, que nous sommes parfaits. Nous faisons tous cette expérience de vouloir répondre spontanément à notre conscience qui nous dit de faire le bien sans pouvoir toujours y parvenir. Dans le contact avec la personne handicapée, on peut vouloir la respecter, la considérer comme une personne à part entière et, dans la pratique, manifester sa crainte ou son mal-être en sa présence. Avec quelqu'un de radicalement différent, il ne suffit pas de savoir qu'il faut l'aimer pour être capable de le faire.

Une conversion, un cheminement personnel est nécessaire. Je me souviens que, lorsque j'étais au collège, nous avions accueilli à la maison le copain alsacien de mon petit frère pendant une semaine. Nous lui avions dit que nous avions un frère handicapé et qu'il viendrait à la maison pendant le week-end. Nous l'avions préparé en lui expliquant comment il était, comment il se faisait comprendre et surtout qu'il n'avait pas à avoir peur parce qu'il n'était pas agressif. Lorsque le vendredi soir notre frère est arrivé à la maison, le jeune correspondant a eu peur de le saluer et s'est tenu à distance de lui pendant vingt-quatre heures. Il ne s'est apaisé que lorsque, dans un moment d'inattention, mon frère a pu s'approcher de lui et l'embrasser naturellement. Il a ensuite passé la fin du week-end à jouer avec lui.

Le deuxième élément du message évangélique est ce que l'on appelle l'« option préférentielle pour les pauvres ». Dans le Nouveau Testament, Jésus porte une grande attention à chacun, et tout particulièrement aux enfants, aux pauvres, aux malades, à ceux qui sont rejetés. On le voit souvent s'adresser à eux alors même que ses disciples écartent ces gens qui semblent venir l'importuner. Il prononce alors plusieurs phrases chocs comme : « Laissez venir à moi les petits enfants. Le Royaume de Dieu est à ceux qui leur ressemblent », « Ce ne sont pas les bien-portants qui ont besoin de médecin, mais les malades. » Il nous apprend que Dieu ne les regarde pas avec les mêmes yeux que nous. Nous portons en effet sur les gens un regard très conditionné par des critères de normalité de la société dans laquelle nous vivons.

À l'époque de Jésus, certaines maladies étaient, aux yeux de la population juive, la conséquence du péché du malade ou de ses parents. Les aveugles, les paralytiques n'étaient alors pas fréquentables. Aujourd'hui, la figure qui domine dans le monde occidental à dominante libérale est celle du self-made-man, c'est-à-dire celui qui a réussi son ascension sociale par ses seules qualités. On exalte également la jeunesse, la beauté physique, la bonne santé, la liberté (à l'opposé de la dépendance). Celui qui ne dispose pas de ces qualités a implicitement moins de valeur aux yeux de la société. Or ce que nous montre le Christ, c'est que chacun d'entre nous a du prix à ses yeux, non pas en raison de ce qu'il possède ou de ce qu'il apporte aux autres, mais du fait même qu'il est un être humain.

La foi nous invite alors à renouveler notre regard sur l'autre en essayant de l'aimer tel qu'il est et non pas tel que nous voudrions qu'il soit. En ce qui concerne le handicap, la chose n'est ni spontanée ni évidente, car le handicapé est l'« autre » dans ce qu'il peut avoir de plus radical : un corps déformé qui ne correspond pas aux canons de la beauté qui exigent des visages lisses et harmonieux, des corps élancés et plutôt fins. Dans le cas du handicap mental, la personne déficiente ne dispose pas des moyens nécessaires à la poursuite d'études dites « normales ». Son autonomie réduite la rend dépendante des autres... Bref, alors que nous attendons beaucoup des autres, la personne handicapée ne nous apporte pas grand-chose dans l'ordre de la reconnaissance sociale, des services rendus. Il est, au regard de la société, plus valorisant de marcher dans la rue auprès de quelqu'un de beau et de connu que d'être accompagné par une personne en fauteuil roulant. Et pourtant, j'en parlerai un peu plus loin, à son contact nous touchons du doigt des choses essentielles. Aimer l'autre tel qu'il est, voilà un enjeu de poids dans notre vie, enjeu qui dépasse la simple tolérance de sa présence à nos côtés. Cela demande de dépasser le simple fait de supporter. Il faut aller au-delà et vouloir aimer l'autre pour ce qu'il est, en dehors même des normes sociales ou des critères auxquels nous nous référons habituellement. Il faut arriver à échanger véritablement et à partager. Cela implique une attitude active pour rendre l'autre heureux.

Enfin, le troisième élément du message chrétien est l'importance donnée à la dimension du service. Jésus invite souvent ceux qui l'écoutent à se mettre au service du Royaume de Dieu, c'est-à-dire au service de l'extension d'un royaume d'amour sur terre. Il le fait souvent en des termes exigeants, allant jusqu'à prôner le don total de soi pour les autres. Il affirme que donner de son temps gratuitement à ceux qui en ont besoin a une grande valeur et que cela peut rendre heureux. Pour ceux qui ont la charge d'une personne handicapée, la foi peut alors être un soutien devant les difficultés de la vie quotidienne. Elle est un encouragement à maintenir notre attention vis-à-vis du plus faible, parce qu'elle nous rappelle les raisons profondes pour lesquelles notre conscience nous invite à le faire.

Il faut bien voir que le regard respectueux et aimant que peut apporter la foi chrétienne sur les autres ne lui est pas exclusif. Des non-chrétiens, hommes et femmes d'autres religions ou personnes sans religion, peuvent se mettre radicalement au service des autres et être les vibrants témoins de la dignité de toute personne humaine. Mais il est vrai que, le message du Christ étant centré sur l'amour de l'autre, la foi peut favoriser un itinéraire de conversion vers une prise de conscience du caractère sacré de toute vie humaine.

Ce que les handicapés nous apprennent

Si la foi aide des personnes confrontées au handicap, mon expérience m'a montré qu'au contact de personnes handicapées la foi se trouve également modifiée.

Si Jésus demande à ceux qui l'écoutent de se mettre au service des plus pauvres, c'est qu'il connaît les vertus de la disponibilité et de l'ouverture à l'autre. Et, de fait, les personnes handicapées ont un certain nombre de choses à nous apprendre, notamment celles atteintes par un handicap mental. Leur désarmante spontanéité nous apprend à vivre plus simplement nos relations interpersonnelles. Les personnes atteintes d'un handicap mental ne s'embarrassent généralement pas du qu'en-dira-t-on, du « ça se fait ou ça ne se fait pas » ou des codes sociaux qui nous servent à vivre en société. Elles sont authentiques. Si elles dérangent l'ordre établi, ce n'est pas pour choquer ou pour se faire remarquer. C'est parce qu'elles sont libres, d'une liberté qui leur permet, quand elles ont blessé quelqu'un, d'aller demander pardon. Sans arrière-pensée, en toute sincérité. Elles ne savent ni ne cherchent à cacher leurs sentiments. Elles réagissent avec le cœur, répondent intuitivement, sans détours.

Cette particularité des personnes handicapées mentales est commune aux enfants. Elle est l'une des caractéristiques de ceux qui n'appartiennent pas encore ou qui n'appartiendront jamais au monde des apparences et qui ne connaissent aucun calcul. Contrôler ses passions, résister à ses mouvements de colère, à son sens critique ou à toute autre manifestation du mal est nécessaire pour vivre en société. En revanche, il faudrait pouvoir se laisser aller lorsque notre affectivité nous pousse spontanément à faire le bien. Et c'est en cela que ces personnes ont à nous apprendre quelque chose. Bien souvent, notre façon d'agir est conditionnée par des motifs dénués d'affectivité. De combien de gestes d'attention, de paroles réconfortantes nous privons-nous par crainte de la manière dont cela va être perçu, analysé, regardé ? La personne handicapée se pose moins de questions, et cela nous apprend à nous laisser guider par notre cœur avec plus de confiance.

On découvre également au contact du handicap l'importance du moment présent. La personne handicapée, du fait même de sa différence, est moins préoccupée par l'organisation de l'avenir. Elle peut être inquiète pour l'avenir lorsqu'elle ne se sent pas en sécurité, lorsqu'elle ne se trouve pas avec des personnes qui l'aiment. Mais, lorsque ce n'est pas le cas, elle a cette capacité de ne pas se projeter dans le passé ou dans le futur et profite donc pleinement de ce qui se passe dans l'instant. À l'opposé, nous avons tendance à être esclaves du temps. Nous en manquons, nous jonglons d'une activité à une autre ; alors que nous nous trouvons quelque part il nous faut déjà prévoir ce qui se passera plus tard. Cela n'est pas sans conséquences dans la relation que nous avons à l'autre. Nous ne prenons pas le temps, et surtout nous n'en donnons pas ! Dans combien de nos rencontres sommes-nous véritablement présents ? On ne peut pas être là et ailleurs en même temps... et pourtant ! Le corps est là alors que l'esprit est souvent ailleurs. La qualité de notre écoute, de notre attention, est la seule aune de notre profonde attention à l'autre, et les personnes handicapées sentent très bien si nous sommes ou non pleinement avec elles...

Enfin, les handicapés nous enseignent la confiance. Du fait même qu'elles sont dépendantes de ceux qui les entourent, les personnes handicapées savent s'en remettre aux autres, s'abandonner, lâcher prise, faire confiance. Bien souvent, notre orgueil nous pousse au contraire à ne croire qu'en nous-mêmes. Cette attitude est tellement restrictive que nous n'imaginons pas que l'on puisse agir différemment de nous. Or, dans la foi, dans la vie spirituelle, cette suffisance est un obstacle majeur à la rencontre avec Dieu. Car ne compter que sur soi-même, c'est refuser la volonté de Dieu, d'autant plus qu'elle peut être différente de la nôtre. Ne pas avoir confiance dans les autres dénonce notre incapacité à laisser à Dieu la place qu'il doit avoir dans notre vie. Et cette place, c'est celle d'un père vivant avec ses enfants. Celle de celui dont on reçoit la vie et qui sait ce qui est bon pour nous.

Pour terminer, je souhaiterais rendre compte de deux initiatives qui ont vu le jour en France et qui me paraissent être représentatives de ce que peut faire naître la foi dans le domaine du handicap.

La Communauté de l'Arche

Cette communauté a été créée en 1964 par Jean Vanier, ancien officier de marine qui, dans les années 1940, s'est senti appelé à consacrer sa vie à Dieu. En 1950 il quitte l'armée, passe un an dans une communauté chrétienne à Paris, puis à proximité d'une abbaye. Il devient ensuite enseignant en philosophie à Toronto. Mais, en 1950, après avoir fait l'expérience du contact avec des personnes handicapées, il est encouragé par un prêtre à vivre avec deux d'entre eux dans une petite maison d'un village de la forêt de Compiègne. Naît alors la Communauté de l'Arche. Elle est aujourd'hui implantée sur les cinq continents et compte environ cent dix communautés locales. Elle a pour particularité de réunir dans un même lieu des personnes ayant un handicap mental et d'autres personnes qui s'engagent pour toute la vie ou pour un temps déterminé à vivre avec elles. Tous vivent donc ensemble, travaillent ensemble et prient ensemble.

Emmanuel

Emmanuel est une œuvre fondée par un couple de chrétiens qui, à la suite d'une erreur médicale après la naissance de leur fille, se sont retrouvés dans l'impossibilité de donner la vie à nouveau. Ils en viennent à adopter, notamment, des enfants handicapés. Devant la demande émanant de l'étranger pour trouver des familles d'accueil à ces enfants sans avenir, ils créent Emmanuel en 1975, dont le but est de trouver des familles d'adoption. En 1989, cette œuvre avait déjà pu permettre l'adoption de 1 000 enfants, dont 575 venus de l'étranger. Sur les 425 venant de France, 200 étaient atteints de trisomie.

Bruno de Béru

Étienne, Pauline et Louise

Étienne est le cadet d'une famille de quatre enfants. Ses parents, Gérard et Colette, ont eu un fils, Lucien. Aucun autre enfant ne s'annonçant, ils ont décidé d'engager une démarche d'adoption. En 1987, ils se rendent en Pologne et en reviennent avec deux petites jumelles, Pauline et Louise. Pauline présente déjà un handicap, que le personnel de l'orphelinat attribue principalement à de mauvais traitements qu'elle aurait subis dans sa petite enfance, au sein de sa famille biologique. Deux ans plus tard, apprenant que Pauline et Louise ont un petit frère, Gérard et Colette retournent en Pologne, dans la même institution, et rentrent en France avec le frère biologique des deux fillettes, Étienne, qui a alors trois ans et demi. Aujourd'hui âgé de dix-huit ans, il témoigne.

Les filles sont arrivées en 1987 dans le foyer de nos parents adoptifs. Elles avaient sept ans. Quand ils les ont adoptées, elles avaient déjà été placées, au début ensemble dans les mêmes familles, puis ensuite séparément. Pauline était la plus difficile à vivre. Plusieurs placements ont été tentés pour Louise seule. Mais Louise n'a pas supporté d'être séparée de sa sœur et a été ramenée à l'orphelinat. C'est là que nos parents les ont rencontrées.

Dans cette institution, j'étais moi-même dans un autre groupe et ma sœur Louise connaissait mon existence. Je suis devenu adoptable deux ans plus tard. Mes parents sont alors venus me chercher. Cela correspond à peu de chose près à la chute du mur de Berlin ! Le même jour, j'ai fait la connaissance de mes parents, de mon frère et de mes sœurs. Je me souviens plus particulièrement de Louise. Elle était plus réservée, mais je retrouvais dans son visage quelque chose de familier.

J'avais trois ans. Quand je suis arrivé ici, Lucien s'est beaucoup occupé de moi. Il comptait énormément pour moi et prenait beaucoup de place. Il jouait avec moi et me prêtait ses jouets. J'aimais ce grand frère, qui avait déjà quatorze ans. Mes sœurs m'attiraient moins, et je les voyais finalement assez peu. Pauline était très craintive et introvertie. Elle avait des comportements bizarres. Lucien m'a raconté qu'elle se mordait les doigts et qu'une fois, au jardin public, il avait été gêné car tout le monde la regardait. Louise n'avait pas encore les attitudes curieuses qu'on lui connaît aujourd'hui, bien au contraire. Elle était bonne élève et soigneuse. Elle aidait souvent Pauline.

Mes parents savaient que Pauline avait de graves difficultés. Elle était atteinte d'une forme d'autisme. En Pologne, les responsables de l'orphelinat leur avaient dit qu'elle ne saurait jamais ni lire ni écrire. Elle a pourtant appris en un an, mais elle a décroché en CM2. Ensuite, elle est entrée dans un hôpital de jour. Mes parents ont été très attentifs et très présents.

En ce qui me concerne, j'étais agité et je passais mon temps à casser tout ce qui se trouvait autour de moi, y compris les jouets de Lucien. J'étais perturbé par mes sœurs. J'ai commencé à parler à l'âge de sept ans ; j'ai bégayé longtemps. Je mentais sans cesse et j'avais des peurs incontrôlées : un ballon qui éclatait, le bruit d'une perceuse, le son des feux d'artifice provoquaient chez moi de véritables paniques. Je crois que Lucien était déçu par mon comportement.

Alors que Louise allait très bien jusqu'alors, en classe de troisième elle s'est mise à se poser beaucoup de questions concernant nos parents biologiques. J'avais douze ans à cette époque. Elle a commencé à me dire que mes parents n'étaient pas mes vrais parents. Je le savais. Sous prétexte de rechercher nos origines communes, elle voulait que je prenne partie pour elle contre nos parents. Son état s'est dégradé. Elle a fini par quitter le lycée après avoir tenté sa chance dans une section d'œnologie. C'est alors qu'elle est entrée dans une sorte de délire. Sa vie a basculé peu à peu. Elle harcelait mes parents et se vengeait de tout ce mal-être sur Pauline.

Ma crise d'adolescence, entre douze et quatorze ans, a été très difficile. Ma sœur Louise m'ennuyait, maman hurlait, et Lucien était parti, entre-temps, travailler en Russie. Cela s'était produit presque immédiatement après une terrible dispute entre lui et moi, lors de laquelle mon père avait dû s'interposer.

Nous savions que Pauline avait des difficultés. Mes parents avaient été prévenus et son comportement en apportait chaque jour la preuve. C'est beaucoup plus compliqué de savoir ce qui s'est passé pour Louise. Je suis très déçu par elle. J'attendais de ma sœur qu'elle accepte notre situation. J'attendais qu'elle comprenne que mes parents ont fait de leur mieux. Nous ne sommes pas parfaits. Je lui reproche son inaction. Elle n'a plus goût à rien, elle passe ses journées devant la télé, chez elle, en fumant des clopes. J'aurais voulu qu'elle avance. Au lieu de cela, elle se complaît dans un état d'infériorité. Elle a perdu tout ce qu'elle savait.

Pauline, elle, n'est pour rien dans son handicap. Je m'interroge souvent sur ce qu'elle a pu subir pendant sa toute petite enfance. Elle me fait honte quand elle parle toute seule ou se mord les doigts. Je ne la protège pas, mais je m'intéresse à elle et je crois que Lucien m'en veut de ne pas m'occuper également de Louise. Il est d'ailleurs le seul à avoir des nouvelles de Louise. C'est un peu comme si l'un et l'autre fuyaient quelque chose : Louise est enfermée dans son monde et lui est parti très loin de la maison. J'aurais pourtant aimé le connaître mieux. Je garde de lui le souvenir d'un garçon sévère. Nous avons onze ans d'écart. Notre père est médecin. Il a toujours eu beaucoup de travail et c'est Lucien qui a pris sa place. Je pense qu'il a été très jaloux de moi. Pourtant, il est parti dans les pays slaves, et moi, je suis originaire de Pologne. C'était peut-être une façon de se rapprocher de moi. Je l'admire cependant sur un point : il nous a laissé une place et nous a acceptés tels que nous étions. Mais je suis incontestablement plus proche de notre père que ne l'est Lucien.

J'ai arrêté de bégayer grâce à ma clarinette, à mon courage, à mes appareils dentaires, grâce à moi-même, mais aussi grâce à mon psychiatre psychanalyste. J'étais son premier jeune patient. À quatre ans, je ne parlais qu'à lui. Lui ne disait rien. Je pense qu'il avait peur au moins autant que moi. Les choses se sont bien passées entre nous car nous avions peur tous les deux.

Aujourd'hui, le travail que je fais avec lui est différent. Je lui parle de mes rêves. Mes sœurs n'y apparaissent jamais. Elles sont absentes de ma tête et je commence à faire la part des choses.

Il y a un âge où les enfants qui ont des frères et sœurs à problèmes se sentent très mal. J'ai touché le fond au moment de l'adolescence. Ou je me laissais couler... ou je remontais. J'ai alors commencé à lire. C'est devenu une passion. C'est le livre *La Peur*, de Stefan Zweig, qui m'a donné envie de lire.

Je ne dis pas à tout le monde que j'ai des sœurs. Il faut véritablement que je sois en confiance. Dans les fiches scolaires, par exemple, je ne parlais que de mon frère. Quand je rencontre une fille, je ne lui dis rien. Quand l'une d'entre elles est venue à la maison, je n'ai pas voulu que Pauline descende et j'avais caché toutes les photos. Il est certain que je préfère mettre mon frère en avant.

Vous voyez, le plus difficile, ce n'est pas la honte, c'est d'accepter d'avoir honte. Il faut être fort pour assumer cela. Je mentais... Je ne voulais pas que quoi que ce soit attire l'attention sur moi. Le regard des autres est sans doute à l'origine de cette attitude. Je ne supportais pas, par exemple, que l'on se moque de Pauline, ni que les gens soient trop prévenants. Un frère ou une sœur handicapés, c'est difficile, alors deux !

Ce que je retiens de tout cela ? Pour moi, cette situation m'oblige à un travail supplémentaire. Je dois écouter, faire la part des choses. En revanche, je refuse d'entendre : « Occupe-toi de ta sœur ! » Le rôle d'un frère n'est pas de s'occuper de sa soeur. Non ! Il faut plutôt garder sa liberté.

Nous existons. Il ne faut pas se sacrifier... ni faire mine d'ignorer et fuir. Contrairement à Lucien, moi, je suis là au quotidien... J'espère que le dialogue s'améliorera avec Lucien plus tard. Dans ma tête, parfois, je me dis : « Heureusement que mes parents m'ont. Pour cela, je suis fier. Aujourd'hui je me sens autonome et équilibré. Je leur pose moins de problèmes que mes sœurs. »

J'ai dû travailler sur moi et j'ai compris que je n'avais pas d'obligations particulières du fait que mes sœurs avaient elles-mêmes des problèmes. Je veux réussir. C'est ma vie que je construis. Bien évidemment, je me pose la question de savoir s'il y a un caractère héréditaire à certaines pathologies. « Eh non, jeune homme ! » La crainte, au fond, c'est d'être comme elles et de ne pas le savoir encore. J'en ai toujours eu très peur et aujourd'hui encore, alors que je vais avoir dix-huit ans, je le redoute.

Plus tard, je ne prendrai en charge aucune d'entre elles. Lucien, qui s'entend mieux avec Louise, pourrait s'en occuper. Pauline est un oiseau fragile, mais elle n'habitera pas avec moi. J'irai la voir le week-end. Je lui ai d'ailleurs promis que dès que j'aurai mon permis de conduire je la conduirai à Disneyland. Vivre avec des gens comme Louise et Pauline oblige à se dépasser. Cela ne se fait pas sans culpabilité. On ne peut jamais être léger ou dégagé de tout. C'est évident...

C'est sans doute pour cela que je ne prends jamais le grand chemin, mais toujours les petits qui mènent au grand.

Servir l'art par un autre corps

Dominique Paquet, dramaturge.

À la mémoire de Sergio Malduca

Refusé pendant des siècles aux personnes handicapées – comme nombre de disciplines artistiques ou spéculatives –, le théâtre a peu à peu été conquis par des troupes amateurs rassemblant des amoureux du théâtre présentant des handicaps physiques ou mentaux. Ce développement s'est d'abord inscrit dans la continuité de l'éducation populaire, sous forme de cours ou de stages, ces derniers permettant de faire partager à tous la connaissance des textes dramatiques et de pratiquer les techniques propres à l'acteur, lesquelles restaurent la personne handicapée dans son corps, ses postures, sa voix, et favorisent la communication avec les autres. À partir des années 1980, la naissance de compagnies professionnelles a favorisé l'inscription de personnes handicapées au sein d'une démarche artistique et esthétique qui a vite dépassé la perspective thérapeutique.

Mettre en scène le handicap ?

Parmi ces nombreuses compagnies, celle du Troisième Œil, animée par Bruno Netter, a choisi de porter à la scène des œuvres littéraires et théâtrales et de faire appel à des comédiens dont certains ont des handicaps. Pour Bruno, comédien voyant avant d'être aveugle, cette démarche s'est inscrite dans une continuité : « Avec les techniques que j'avais apprises et les appuis que j'avais acquis à l'École nationale supérieure des arts et techniques du théâtre (ENSATT), j'ai choisi de travailler des textes et des personnages dans la continuité de ce que j'aurais fait en étant resté voyant. » La création de la Compagnie du Troisième Œil lui permet de poursuivre une exploration poétique et théâtrale au travers de Rimbaud, Mallarmé, Natacha de Pontcharra, Juan Ramon Jimenez, Borges, Claudel, Jean-Luc Parent, puis de créer en 1996 *Le Livre de Job*, réunissant des comédiens handicapés (aveugles, sourds, infirmes moteurs cérébraux, touchés par la maladie des os de verre) et des comédiens dits « valides ». Patrick Simon, cometteur en scène du spectacle, explique :

> Pour Bruno, les malheurs de Job, nés du pari entre Satan et l'Éternel, sont visibles et représentés chez tous les personnages qui l'entourent, par le handicap. Job est en quelque sorte le seul valide, aveuglé cependant… Cela signifie que nous sommes tous de manière visible ou invisible touchés dans notre chair par ce pari qui jette Job sur son tas de fumier… Nous nous sommes beaucoup cherchés pendant les répétitions, car nous avions de grandes différences de langages corporels. Je me souviens aussi de cet effort que nous nous sommes tous demandé : car ce que nous exigions des spectateurs, c'était de comprendre l'autre, quel qu'il soit. Et nous nous sommes demandé cet effort à nous-mêmes d'abord. Nous éprouvions la nécessité de nous adapter au dessin précis des déplacements sur un sol entoilé, plissé, sans repères ; celle d'expliquer le sens du texte pour certains d'entre nous. Nous avons porté très haut l'exigence. Je me souviens avoir un jour dit à Sergio : « C'est bien. – Non, m'a-t-il répondu. Tu me dis "c'est bien" parce que je suis handicapé. – D'accord, on y retourne ! » Nous avons donc repris, nous avons retravaillé sur le sens, nous nous sommes mis à la mesure de chacun. Pendant le spectacle, nous nous sommes tous baptisés les « handicafripouilles », acteurs handicapés ou non. Signe que nous étions ensemble.

En 1997, Bruno Netter et Monica Companys commandent à Karin Serres et à Dominique Paquet deux pièces qui n'en feront qu'une lors des représentations, *Chlore* et *Froissements de nuits*.

> Ce qui me concerne dans le handicap, dit Karin, c'est la différence, mon moteur de fiction, d'écriture. Écrire pour Bruno et Monica, c'était se glisser dans la peau de leur double fictif pour regarder le monde à travers eux, avec cette nouvelle perception de certains sens. Car c'est ce qui me passionne : comment les autres voient ce monde où je vis moi aussi ? Qu'est-ce qui se passe à l'intérieur des humains chaque fois ? Comment cela peut être si éloigné de mon ressenti à moi et pourtant si partageable ?... Plus nous sommes différents, plus nous avons de choses en commun à découvrir.

La difficulté a tenu au triple langage nécessaire pour mettre en scène ces pièces : le langage corporel, le langage parlé et la langue des signes. Patrick Simon raconte :

> Lors des répétitions, je tournais le dos à Bruno pour que Monica soit en lecture labiale et reçoive mes indications. Il fallait aussi que le spectacle soit compréhensible par les aveugles et les sourds, qu'il y ait suffisamment de jeu à partir du texte et suffisamment de signes pour que les sourds comprennent. Pour ce faire, Monica a intégré en LSF[1] la parole de Bruno qu'elle ne traduit pas mot à mot mais à laquelle elle répond. Le sens sort des signes de Monica et des images.

Ce spectacle, joué depuis 1999, s'accompagne aussi d'animations en LSF, de rencontres, de cafés philo dans les classes, et permet de sensibiliser les élèves au handicap. « Lors des animations, confirme Bruno, ma responsabilité est grande, j'ouvre les portes de la compréhension au niveau social, psychologique, politique. Ce qui nous empêche d'aller plus loin, les blocages, j'essaie de montrer comment les domestiquer, les oublier. » Et, dans les cafés philo, dès le CM1, le raisonnement et le dialogue ouvrent les voies d'une compréhension de ses peurs, de ses fantasmes sur le handicap, et permettent d'élaborer les prémices d'une attitude morale quotidienne à laquelle les enfants sont extrêmement sensibles.

En 2000, Bruno sollicite Philippe Adrien, avec lequel il a déjà travaillé, pour mettre en scène *Le Malade imaginaire* de Molière, puis, en

---

1. Langue des signes française.

2004, il fera de nouveau appel à lui pour *Le Procès* de Kafka. Dans les deux pièces, l'esthétique du spectacle se fonde sur une scénographie fantastique créée par Goury et une esthétique corporelle de la fantasmagorie, issue de l'imaginaire du personnage principal. Argan, le malade imaginaire, voit se déployer autour de lui des personnages étranges qui viennent peupler son délire : Béline, sa femme, rouée, aveugle sur la véritable maladie de son mari ; Toinette, sourde sauf à son maître ; Thomas Diafoirus, fragile comme un pantin accablé par le poids de la culture livresque ; M. Purgon, grimaçant et dangereux, prédisant à son malade les pires maladies s'il ne prend pas sa médecine. À chaque fois, Philippe Adrien transmute théâtralement les caractéristiques corporelles et psychiques de chacun et les élève au rang d'objets esthétiques. Le handicap n'est pas traité pour lui-même mais comme une métaphore. Il est parfois invisible pour le spectateur et rend le jeu de l'acteur encore plus étrange et surprenant.

Dans *Le Procès*, Philippe Adrien a choisi délibérément de voiler le handicap plutôt que de l'exhiber : « Les embarras, je préfère les susciter plutôt que de les subir. Je récuse l'exhibition, la fiction passe au premier plan. Oui, c'est un défi, une performance, le dépassement d'une réalité qui pose tel ou tel problème, soit aux personnes touchées, soit aux autres. » Du coup, le handicap devient une source d'inspiration : « Il conduit l'imaginaire sur des pistes inédites, spécialement la non-voyance. Si on se met à penser un spectacle dans la posture du non-voyant, cela produit des étincelles. » La scénographie circulaire et mouvante de Goury figure la tête de Joseph K., mais aussi sa cavité oculaire, tandis que des personnages masqués font mouvoir ce cercle, véritables démons dans l'ombre du héros : « Sans la cécité de Bruno, je n'aurais pas eu le courage de penser quelque chose d'aussi audacieux. »

Régis Lang, metteur en scène de *Tibi* de Jean Verdun, travaille lui sur le regard intérieur, « car l'acteur aveugle restitue une approche plus intérieure. De même, la LSF apporte de la poésie dans le geste et du geste dans la poésie. Cela produit une sorte de chorégraphie ».

De fait, le handicap permet de créer des formes nouvelles et de nouveaux langages. Il offre à la scène la présence d'un autre corps, un corps qui peut être celui que la nature a imposé à l'individu, mais aussi un corps imaginé, un simulacre que le handicap transmute et exhausse. Chaque metteur en scène confirme ainsi que la cécité ou la surdité, tout comme le handicap moteur cérébral, configurent un autre espace de jeu, une autre silhouette, un autre regard qui donnent une poésie et une étrangeté particulièrement fécondes. « Parfois, pour certains, le travail est difficile, mais finalement, avec le soutien de tous, le dépassement se produit. »

Ouiza : « Le handicap ne donne pas de talent »

Chacun des acteurs rencontrés témoigne de ce dépassement qui, sans doute, s'étaye sur l'autonomie conquise chaque jour, mais aussi sur une volonté inexpugnable. Ainsi Bruno, qui avait commencé une belle carrière d'acteur avant de perdre la vue :

> [Il] n'y a aucune impossibilité pour chacun de pratiquer cet art, en professionnel ou non. Le handicap apporte un plus, une concentration supplémentaire, permanente, qui, dans nos sociétés, est en train de disparaître. Le danger est pour un handicapé d'aller vers la raideur. Non. On peut travailler le corps, l'esprit, la voix et surtout le rapport avec l'autre, qu'il ne faut surtout pas perdre. Il existe beaucoup de comédiens « normaux » qui suivent leur chemin en sourds ou en aveugles. Le fait d'avoir un sens en moins oblige à rester en contact avec l'autre. C'est un acte fondamental qu'exige cette discipline artistique. Cette relation avec l'autre met en relation avec l'extérieur et permet d'approfondir son intériorité, oblige à une attention accrue. Cette concentration met en rapport avec tous les autres. Ce qui me semble plus fort pour quelqu'un qui ne voit pas, c'est la possibilité de ne pas rester à la surface des choses, obligatoirement, et en plus de porter le regard sur ce qui se passe autour de soi, d'avoir une écoute, un rapport entre deux personnages sur scène, qui aille plus loin que la normale. Le fait que certains choisissent d'avoir une pratique théâtrale en amateur ou en professionnel n'est pas innocent. Cela conduit à une liberté plus grande et à une compréhension plus approfondie de l'autre. Mais il faut une exigence constante. Découvrir en soi des nécessités. Comprendre et dépasser ses difficultés.

À la différence de Bruno, Ouiza a mis du temps à se créer un réseau professionnel :

> Ce fut un combat, j'ai tendance à l'oublier. Je n'ai pu intégrer les écoles nationales de théâtre, peut-être en raison de mon handicap, je ne sais

> pas, mais j'ai réussi la classe libre du cours Florent. J'ai rarement fait les choses en me posant la question du handicap, je voulais être ethnologue, journaliste, faire de la radio, et j'ai fait du théâtre pour me préparer à faire de la radio. Là, j'ai eu un vrai coup de foudre, comme un coup de foudre amoureux pour le théâtre. J'ai aussi fait des études de philosophie parce que je cherchais un domaine artistique dans lequel m'exprimer. Le théâtre complète la philosophie... J'ai toujours cherché comment contourner les problèmes que ma cécité posait, et non comment réparer, car je n'ai rien à montrer, rien à démontrer de plus que ce que je suis... Le handicap a été une limite mais tend à ne plus l'être. Au début, mon professeur de théâtre avait tendance à me faire jouer les moches et les folles ! Il m'a fallu du temps pour trouver ma véritable image.

Monica, elle, parle de double handicap : la surdité et le manque de formation théâtrale.

> Je ne me suis pas exprimée pendant vingt ans et pourtant j'ai fait vingt ans d'orthophonie, et je n'ai pas communiqué, même si ma famille a toujours été très positive avec moi. J'ai essayé de me fondre dans le moule, de me standardiser, mais je n'avais pas les moyens de communiquer avec les copains qui sortaient le soir puisque, dans le noir, je ne comprends rien.
>
> J'ai été engagée dans *Les Enfants du silence* à cause de ma voix, alors que j'avais honte d'elle. D'ailleurs, parler me met de côté, il y a des sourds qui boycottent les pièces où je joue, ils me disent : « Tu n'as pas à parler, les entendants vont croire que tous les sourds peuvent parler ! » Mais je ne joue pas pour défendre l'image du sourd, je joue pour moi, et après pour le public. Le théâtre m'a donné confiance. J'avais appris des récitations, des textes à l'école, mais je me sentais comme un chien attaché dans une forêt... Ce qui m'intéresse, c'est jouer, m'exprimer et communiquer avec les autres comédiens. Mais la plupart ne répondent pas, ne jouent pas avec toi, ils jouent pour eux seuls. J'ai besoin de libérer mon énergie. Je parais impulsive, violente, car mes inhibitions se sont accumulées, alors je crache ce que je peux, je me donne complètement, je ne sais pas comment me contrôler ! Cette véhémence, je pense que c'est un défaut !

Au-delà de cette volonté, la découverte du théâtre et sa pratique engagent l'acteur dans une démarche artistique que le handicap enrichit. Philippe Adrien souligne la totale disponibilité des acteurs : « Rien ne vient interférer avec le travail. Les histoires personnelles sont dépassées. Comme si le handicap générait une disponibilité totale. C'est peut-être parce qu'il y a de l'exclusion à l'extérieur du théâtre. En répétition, chacun se sent inclus et, par contagion, les autres acteurs sont dans le coup. » « En outre, souligne Bruno, la concentration donne la possibilité d'approfondir la réflexion, d'amener les voyants à regarder ce qui se passe autour d'eux, à porter une attention soutenue, à écouter d'avantage l'autre. »

Cette attitude favorise le travail d'interprétation et de recherche. « De même, l'intimité obligatoire qu'induit le handicap (conduire un acteur aveugle au métro, mener aux toilettes une personne handicapée moteur cérébrale, la faire manger ou boire) produit immédiatement dans la vie, puis sur scène, une intimité qui enrichit, par nécessité d'abord, puis artistiquement, le travail théâtral », souligne Patrick Simon. Le handicap donne immédiatement accès à une forme théâtrale nouvelle : « Il y a une étrangeté dans la cécité, la direction du regard est floue, et la singularité de notre jeu vient aussi de notre handicap », dit Ouiza. Singularité qui devient un projet esthétique et militant, car les corps ne bougent pas comme des corps normés, les voix ne parlent pas comme des voix entendues ou apprises. Jean Verdun, auteur de *Tibi*, en témoigne :

> Lorsque Bruno m'a dit : « Je veux jouer *Tibi* », une pièce écrite pour des comédiens noirs qui parle de la misère, avec des références à l'Afrique, j'ai été étonné mais j'ai accepté. En réalité, Bruno voulait explorer la misère triomphante du handicap, la transcendance de la misère, et non telle ou telle localisée géographiquement. Il m'a dit : « Je ne suis pas noir mais je suis dans le noir. » J'ai été comblé par le spectacle. Monica, plongée dans le noir et la surdité, émerge de dessous une toile au bout de trois quarts d'heure, dans un état terrible et magnifique. Le handicap n'existe plus, la transcendance est totale et, par le handicap, les acteurs expriment quelque chose de profond. L'esprit dépasse la matière.

Il y a de fait une nouveauté immédiate dans l'interprétation, car il devient nécessaire d'inventer une forme qui intègre le handicap. Les acteurs aveugles ne peuvent pas imiter les autres corps, ni se fonder, pour créer un personnage, sur l'observation de la réalité. Ils sont contraints d'imaginer avec le metteur en scène leurs propres formes, mais, pour ce dernier, le travail aussi est à inventer chaque jour. « Je ne suis pas l'aveugle des images d'Épinal », confirme Ouiza. L'acteur convoque sans cesse l'imaginaire et l'invention parce qu'il n'est « formaté » ni par un cours d'art dramatique ni par des techniques corporelles apprises, il est un autre corps qui fabrique d'autres images, d'autres simulacres. Monica invente un accent inconnu, sans références, pour interpréter Toinette travestie en vieux médecin dans *Le Malade imaginaire*, et donne ainsi de la soubrette une vision nouvelle ; Bruno, aveugle au milieu des ombres, fait de Joseph K. un personnage bousculé, étonné de cet entrelacs de forces qui concourent à sa perte, et de cet étonnement naît le tragique de la condition humaine. Ouiza contraint son corps à une particulière obliquité pour interpréter la dangereuse logeuse de Joseph K. La mise en scène se radicalise, car chaque spectacle oblige à inventer des formes nouvelles qui naissent justement de l'étrangeté, de la différence qu'induit le handicap.

Il s'agit bien d'une démarche profondément artistique, et pas seulement de la restauration d'une enveloppe narcissique violentée, ou du dépassement des souffrances physiques ou psychiques. Certes, on sait depuis Aristote que l'art a, pour le spectateur, valeur de catharsis, mais aussi qu'il permet à l'acteur un déploiement hors de ses limites corporelles et un réconfort compensatoire. Dans ces spectacles, ce dépassement ouvre sur la création d'un style, d'une esthétique qui n'a plus rien à voir avec une thérapeutique ou une compensation.

L'aspect militant de ce travail est également perceptible. « Je défends une écriture et un théâtre de qualité, souligne Bruno. On passe peu de temps sur cette terre, il faut découvrir en soi des nécessités, chercher à découvrir le pourquoi de son existence, apporter, grâce au miroir du théâtre, une sorte de réponse. Le handicapé ne souffre d'aucun travers. Mais, au-delà, je cherche un chemin d'exigence. Ouvrir le troisième œil. » « Le fait de jouer est un acte social de transmission, revendique Ouiza, un acte militant, comme lorsque je fais de la radio. Même si je ne me prends pas pour un modèle, j'y crois, et la place que j'ai conquise, elle l'est aussi pour ceux qui viennent après. Je ne me suis jamais dit "Je vais faire ça pour..." Tant mieux si cela sert aux autres, mon plaisir en est amplifié. » Monica, qui enseigne la LSF et édite des ouvrages pour les personnes sourdes, pense que « le public peut découvrir la langue des signes, non pas seulement pour son aspect esthétique, mais pour sa beauté ». Elle aimerait que « les entendants ajoutent des signes à la parole pour pouvoir échanger davantage ».

Ainsi peut surgir une dimension accrue de l'acteur. Un suracteur comme Gordon Graig parlait de surmarionnette. Un acteur empêché qui transmute ses contraintes en les sublimant, ou dont les contraintes mêmes deviennent liberté. Un acteur qui exige de la mise en scène la même puissance d'invention, à proportion inverse du handicap. Mais, aussi, un metteur en scène qui exhausse son travail en lui ordonnant des formes nouvelles et en exigeant de son imaginaire la capacité à surprendre, de manière illimitée, le réel. Un travail artistique qui, comme l'exprime avec lyrisme Jean Verdun, fait passer « de la cour des Miracles aux jardins suspendus ».

Dominique Paquet

Spectacles cités :

Le Livre de Job, adaptation de Bruno Netter, mise en scène de Patrick Simon et Bruno Netter, avec Monica Companys, Stéphane Dausse, Pierre Delmer, Jean-Claude Grenier, Stéphanie Lhorset, Sergio Malduca, Bruno Netter, Jean O'Cotterel, Jean-Luc Orofino, Ouiza Ouyed

Toujours, pour toujours, film réalisé par Marie Maffre pendant les répétitions et les représentations du *Livre de Job*. Pour s'informer : marie. maffre2@wanadoo.fr

Chlore, de Karin Serres.

Froissements de nuits, de Dominique Paquet, mise en scène de Patrick Simon, avec Monica Companys et Bruno Netter (éditions Monica Companys).

Le Malade Imaginaire, de Molière, mise en scène de Philippe Adrien, avec Mylène Bonnet, Monica Companys, Stéphane Dausse, Pierre Delmer, Daniel Jean, Geneviève de Kermabon, Régis Lang, Sergio Malduca, Bruno Netter, Jean-Luc Orofino, Ouiza Ouyed.

Le Procès, de Kafka, adaptation et mise en scène de Philippe Adrien, avec Mylène Bonnet, Monica Companys, Stéphane Dausse, Pierre Delmer, Daniel Jean, Geneviève de Kermabon, Régis Lang, Sergio Malduca, Bruno Netter, Jean-Luc Orofino, Ouiza Ouyed.

Tibi, de Jean Verdun, mise en scène de Régis Lang, avec Monica Companys et Bruno Netter (éditions Detrad., création avril 2005).

Sam et Tom

Sam est né en 1989 à Stockport, près de Manchester, tout comme son frère Tom, son cadet de seize mois. La famille de Sam et de Tom vient en France en 1992. Katie, la plus jeune des trois enfants, naît en 2000. Leur père est maçon. La mère des enfants ne travaille plus depuis la naissance de l'aîné. Tom est autiste et fréquente une partie de la semaine un centre spécialisé, dormant, le soir, dans une famille d'accueil. Il a aujourd'hui treize ans, et Sam quinze.

J'ai toujours traité Tom comme s'il était normal, mais j'ai perçu la différence assez jeune. Quand nous nous battions, maman me rappelait qu'il était différent. Peut-être voulait-elle le protéger ? Il est vrai que parfois j'ai eu un sentiment d'inégalité et, plus jeune, je crois que j'ai été jaloux. Sans plus.

Je me suis habitué à l'idée que Tom n'était pas comme les autres. Il faut dire aussi qu'il a parlé très tard, et lorsque j'allais chez des copains qui eux-mêmes avaient des frères de l'âge de Tom, je voyais bien que ces derniers ne se comportaient pas comme mon frère.

Tom était particulièrement agité. Il criait beaucoup et s'énervait souvent. Nous avions beaucoup de mal à comprendre ce qu'il voulait. Il finissait d'ailleurs par tenter de se débrouiller seul. Cette agitation permanente me dérangeait. Je trouvais cela pénible, surtout quand d'autres personnes étaient à la maison. Il m'arrivait, et il m'arrive encore, d'inviter des amis. Quand ils viennent pour la première fois, je les préviens que Tom est différent, qu'il a un « problème ».

Aujourd'hui, il a fait des progrès et il parle, même si ce qu'il dit est confus.

Cela ne m'empêche pas de défendre mes intérêts. Avec un an d'écart, j'ai autorité sur lui. Il arrive que ma mère me demande de le garder lorsqu'elle doit s'absenter. Il fait ce que je lui dis de faire. Il me craint un peu et sait qu'il doit m'obéir. Lorsque notre mère revient, il ne manque pas de se plaindre !

J'ai toujours l'impression qu'il est plus jeune que son âge véritable. Je crois que je suis, pour lui, une sorte de modèle. Quand je fais quelque chose, il voudrait faire la même chose. Nous nous voyons finalement peu. Du fait de son handicap, il y a peu de complicité entre nous. Il y a cependant une relation qui tient au fait que nous sommes frères. Il est difficile de partager. C'est le regret que j'ai. L'autiste ne cherche pas le contact avec l'autre. Il vit dans son monde. C'est comme cela. Je ne suis pas certain de lui apporter quelque chose, contrairement à ce que mes parents me disent. Ils pensent que je l'ai aidé. Je crois plutôt que ce sont eux qui l'ont fait avancer, bien plus que moi je ne l'ai fait. Il m'arrive encore de jouer avec lui. Il s'amuse avec ses figurines, il invente des histoires. Il aime partager des moments avec moi. Quand il me sollicite, parfois cela m'ennuie, d'autres fois je cède. Quand j'écoute de la musique, en revanche, il est mécontent.

Il a l'impression que je l'abandonne. Je ne me sens pas coupable. Il doit aussi m'accepter, comme j'accepte que le mercredi après-midi maman attende l'arrivée de Tom. De ce fait, elle ne quitte pas la maison avant qu'il ne soit là. Nous habitons à la campagne et je ne peux pas compter sur maman pour me conduire, le mercredi, à des activités.

Le handicap de mon frère ne provoque chez moi ni douleur, ni gêne, ni pitié. Ce n'est pas agréable, mais c'est ainsi. D'une façon générale, je ne parle pas beaucoup. Peut-être que la maladie de Tom ne fait qu'accentuer ce qui est l'un de mes traits de caractère. Pour l'instant, je n'ai pas réfléchi à ce qui se passera quand mes parents ne seront plus là.

Si un jour j'ai moi-même des enfants, je crains d'en avoir un comme Tom. Je ne sais pas si c'est héréditaire, je ne me suis pas renseigné. Si j'avais un enfant comme Tom, j'essaierais d'en savoir plus sur l'autisme. Mais, dans le cas présent, Tom est mon frère et je n'éprouve pas le besoin de m'informer.

« Mon frère est un Martien »

Marie-Hélène Barusseau-Perrier, directrice de l'institut Regain, institut médico-pédagogique pour enfants autistes à Bergerac. Licenciée en psychologie, éducatrice spécialisée, art-thérapeute et musicothérapeute, elle dispose d'un DIU (diplôme interuniversitaire) autisme obtenu auprès des facultés de Toulouse, Bordeaux et Montpellier.

Je connais bien Tom, je le vois tous les jours depuis qu'il est arrivé à Regain à l'âge de sept ans. Lorsque je lis l'interview de son frère Sam, je constate qu'il a grandi et mûri par rapport à sa première interview sur France 3, en 2001.

Dans le documentaire, il se tenait au milieu du salon, ne sachant que dire de son frère Tom. Il était figé par la crainte face aux bizarreries de son frère. Celui-ci tournait sur lui-même, envahissant le champ de paroles, faisant du bruit, venant montrer un dessin pendant que son frère essayait de parler. La maman des garçons soufflait quelques réponses à Sam, et ce dernier répétait qu'il craignait les coups de son frère, que toute la vie familiale tournait autour de Tom et que lui avait la chance d'être normal. Il avait peu de copains, ceux-là mêmes ne venaient que rarement chez lui parce que, « avec Tom, c'[était] difficile ».

Ce que j'ai constaté pendant les moments consacrés aux frères et sœurs d'enfants autistes, c'est que ceux-ci ne s'autorisent pas à parler. Il leur faut du temps. C'est comme s'ils se sentaient coupables d'oser remettre en question la présence et la place de leur frère autiste. Ils pensent « J'aimerais que mes parents s'occupent un peu plus de moi », mais ils ne peuvent pas le dire, pour ne pas blesser des parents déjà meurtris.

Oui, c'est ainsi que Sam a vécu Tom. Sam était heureux de voir ce petit frère grandir. Il comptait bien en faire un compagnon idéal : « Quelle joie d'avoir un petit frère avec lequel je pourrai jouer, courir, rire, me bagarrer, partager mes joies, mes peines. » En fait, Tom a grandi, mais Sam n'a pas eu le frère dont il rêvait. Il a vu un petit être bizarre qui faisait des choses étranges, qui n'entendait pas quand on lui parlait, qui ne riait pas, qui ne pleurait pas, qui ne jouait pas, qui avait des yeux magnifiques, mais qui ne voyait pas : « Un Martien. »

Alors, Sam n'a pas reconnu son frère, il a été obligé de cohabiter avec lui, lui auquel toute la famille obéissait et que, par-dessus toute chose, maman protégeait. Pourtant Tom n'était apparemment pas « handicapé ». Il n'avait mal nulle part. Tout était pour lui et Sam ne savait pas pourquoi. La vie de Sam a basculé, elle est devenue sans paroles.

La vie s'est arrêtée et Sam a essayé de survivre.

L'autisme détruit la pensée de l'autre, il est tout-puissant, il tyrannise. L'enfant autiste ne trouve pas sa place dans la fratrie. A-t-il conscience de l'autre ? Non ! Sauf quand l'autre l'empêche d'obtenir ce qu'il désire dans l'immédiat.

Dans le témoignage de Sam, tout est en deuxième lecture. Il dit avoir traité son frère comme s'il était normal. Non ! Sam en a d'abord eu peur. Il dit : « Quand nous nous battions. » Non ! Quand Tom le frappait, « maman me rappelait qu'il était différent ». Oui ! Les parents protègent l'enfant autiste, ils le protègent trop, ce qui accentue la tyrannie de l'enfant autiste, tyrannie qui est une forme de survie, une place à occuper pour exister.

Oui, Sam a été jaloux, oui ! Sam a souffert de cette différence lorsque Tom a planté sa tente dans le salon, occupant une place de choix et obligeant la famille à changer sa manière de vivre. Oui, Sam était malheureux. Mais pouvait-il le dire face à des parents qui essaient de comprendre Tom, de le découvrir, de le connaître, de le rencontrer ?

Avec un enfant autiste, tout est à faire. Ce n'est pas un handicap à connaître, c'est un enfant à découvrir. Tout n'est pas aujourd'hui réglé, même si Sam va mieux.

Dans la famille de Sam et Tom, les parents ont trouvé un souffle parce que Katy est arrivée et que Tom ne rentre que le mercredi et le week-end. Eux, oui. Mais pas Sam. Quand il déclare « Tom m'accepte comme j'accepte moi-même que le mercredi après-midi maman attende l'arrivée de Tom », il faut lire : « Oui, maman attend Tom et le temps s'arrête. Et quand Tom est là, le temps est suspendu. Et je ne peux pas avoir d'activités le mercredi. »

Derrière l'autisme, il y a un être quasiment vide. Et Sam le dit (finalement) : « Tom était [...] agité, nous avions du mal à comprendre ce qu'il voulait. Cette agitation permanente me dérangeait. » Sam emploie le passé. Il a raison, car il y a pour lui un avant et un après : avant que Tom soit accueilli en institution et après.

Sam a un peu oublié avec qui il a grandi et trouvé sa place parce que Tom s'est calmé et qu'il parle. Reste que, malgré cette évolution de la situation, Sam fuit la réalité de ce frère : « Tom est mon frère et je n'éprouve pas le besoin d'en savoir plus sur l'autisme. » Tom est une sorte de fatalité contre laquelle il ne peut lutter. Il y a peu de complicité entre eux parce que, avec Tom, la relation est très difficile ; si on ne la sollicite pas, elle ne vient jamais.

Sam, comme les autres frères et sœurs, existe sans exister, dit sans dire. Il fuit son frère ou la réalité de son frère ; prend ce que lui donnent papa et maman et s'en sort assez bien parce qu'il a des parents formidables. Tom est autoritaire, exigeant, il faut lui répondre tout de suite, sinon il entre dans une répétition sans fin.

« Lorsque Tom commence à être agressif, je m'enferme dans ma chambre. » Sam est plus âgé que son frère et n'a jamais vécu pour lui-même, il a peu de camarades ; il se croit responsable de son frère. Il fait ce que font beaucoup de frères et de sœurs d'enfants autistes qui se cachent et sont très souvent chez les copains. Ils acceptent que leurs affaires soient détruites et de n'avoir plus rien.

Comme le disait un autre enfant à sa mère autrefois : « Tu aurais dû le faire "passer" mon frère. Je ne vivrais pas l'enfer aujourd'hui. »

Je me souviens d'une maman que j'ai reçue un jour dans mon bureau. Au milieu des larmes, elle ne cessait de répéter : « Ce n'est pas mon enfant, c'est un Martien. » Pour les parents, ces petits autistes sont des inconnus qu'ils veulent découvrir, rencontrer et aimer. Cependant, ils n'ont pas la clé du mystère, alors rien n'est plus important pour eux que d'obtenir un jour que cet autiste étrange, tyrannique, bizarre devienne un enfant – mon fils –, à l'instar des autres enfants de la famille. Ce petit être vit dans des angoisses terribles contre lesquelles il ne peut pas lutter parce qu'il ne comprend pas, ne parle pas, ne s'exprime pas. Alors l'autre, celui qui a le nom de frère ou de sœur, celui que l'on peut appeler mon fils, ma fille, celui qui vit, qui est, qu'a-t-il à demander de plus face à ce petit être torturé qui se bat avec l'incompréhension qu'il a du monde, l'incompréhension qu'il a de l'autre, l'incompréhension qu'il a de lui-même ?

Les frères et sœurs sont alors conduits à penser : « De quel droit et au nom de qui je peux dire que je ne vais pas bien, moi le frère de ce petit être déchiré ? Alors je dis que je vais bien. Je peux dire que ce n'est pas facile, mais que je ne m'en sors pas si mal. Ainsi, je dis un peu de mon mal-être sans en dire trop, en protégeant mes parents que j'aime et qui sont formidables. » Sam a la chance d'avoir une maman qui explique, qui calme, qui garde espoir et qui croit que Tom peut s'en sortir.

Un enfant handicapé mental ou un enfant handicapé physique est tout d'abord un enfant. Entre frères et sœurs, la complicité peut exister : les joies, les peines peuvent se partager. Avec un enfant très handicapé, la tendresse, l'amour peut se parler – je peux dire « Je t'aime » –, mais avec un enfant autiste, la main tendue ne se prend pas. Elle est rejetée, agressée, pincée... Les « je t'aime » ne veulent rien dire et ils ne se disent pas parce qu'il n'y a pas de rencontre.

Avec un petit autiste, les joies, les peines ne se partagent pas, car l'enfant autiste n'exprime pas ses émotions, ou bien de façon démesurée. Il est submergé par ses émotions ; il crie, tape, agresse, hurle... Tout est sans mesure, tout est apparemment vide de sens, tout est incompréhension. Parfois même, toucher un enfant autiste est impossible. Tout cela est très difficile à vivre pour tous les proches, et bien sûr pour les frères et sœurs. Dans une famille où il y a un enfant autiste, toute la famille vit au rythme de cet enfant différent. La machine infernale s'emballe et la vie est alors impossible, impensable, mais chacun s'adapte comme il peut ; dans la culpabilité, la haine, la jalousie ou en un amour démesuré qui n'est pas aimer. Les êtres qui composent la famille perdent leur identité, leur autonomie, leur expression.

Dans une telle situation, la famille peut « exploser ». Je pense à deux sœurs, toutes deux épuisées parce que leur sœur autiste les empêche de dormir en tapant dans les murs pendant des heures. Aujourd'hui, le père et la mère sont séparés, car l'enfant autiste détruit jusqu'au couple et, sans aide, les familles vont mal, les frères et sœurs se sentent oubliés. C'est pourquoi, dans notre établissement, nous avons créé un groupe de frères et sœurs, pour parler. Parler de leur frère, de leur sœur, et surtout parler d'eux et les aider à dire « J'ai mal, je n'en peux plus. Je suis là, moi aussi, j'existe ! »

Le fait de prendre en charge les enfants autistes participe à cette reconquête des frères et sœurs. Il faut à ces petits autistes une prise en charge adaptée pour qu'ils puissent s'épanouir, exister certes, mais aussi pour que la famille ne se construise pas autour d'eux mais plutôt avec eux ! L'enfant autiste a non seulement droit, comme tout enfant, à l'éducatif, mais au-delà de ce droit, il faut qu'il bénéficie d'une éducation adaptée, qu'il apprenne à se débrouiller seul pour manger, marcher, se repérer dans l'espace et dans le temps, qu'il apprenne hier, aujourd'hui, demain, ce qui l'aidera à apaiser ses angoisses.

C'est ce que nous essayons de faire à l'IMP Regain. La prise en charge est pour cela pluridisciplinaire : elle réunit comportementalisme, psychiatrie, psychologie, thérapie à visée artistique et rééducative. Tout est complémentaire et construit dans un projet individuel. Nous travaillons ensemble, éducateurs, rééducateurs et thérapeutes (psychiatres, psychologues, psychomotriciens, musicothérapeutes, orthophonistes, ergothérapeutes...).

Lorsque Tom est arrivé chez nous, il était prévu qu'il aille en famille d'accueil parce qu'il habitait loin de Bergerac. L'angoisse de ne pas revoir ses parents lui était insupportable : un emploi du temps au jour le jour lui a permis de décomposer le temps et d'apaiser cette angoisse de disparition.

Tom avait aussi de gros problèmes d'alimentation : il ne mangeait que de la viande (chez les autistes, on trouve souvent des problèmes de sélection d'aliments). Tom a appris avec les autres à manger quelques légumes, des fruits... Nous lui avons montré que manger autre chose n'était pas dangereux.

L'éloignement a été bénéfique. Toute la famille de Tom s'est mise à vivre pour elle, pas sans Tom, mais sans la tyrannie, les angoisses de

Tom. Sam a retrouvé une place, Katy est née, et Tom a continué à progresser et a accepté la venue de cette petite sœur.

Maintenant, Tom gère sa vie quotidienne. Il va à l'école. Il faut dire que, Tom parlant à la fois anglais et français, il était impossible de comprendre ce qu'il disait. À l'école, il a donc appris à lire, à écrire et à dissocier français et anglais. Cependant, lorsqu'il va mal, il parle de nouveau un français-anglais incompréhensible.

L'école reste cependant un milieu difficile pour Tom. Il a fallu au début apaiser ses angoisses pour rencontrer les autres, car il ne savait ni jouer ni parler avec les autres. Il aurait pu les agresser, ou s'isoler avec des bizarreries de comportement qui surprennent ou inquiètent ses camarades.

Tom doit tout apprendre, même à être et à vivre avec les autres enfants. Avec la psychologue, il participe à un « atelier à histoires » conçu à base de jeux et de jouets qui l'aide à parler, à communiquer et à dire ses angoisses.

Aujourd'hui, Tom sait lire, écrire, compter. Il parvient aussi à exprimer ses sentiments. Il est souriant, épanoui, heureux parfois. Il communique avec certains enfants... ou non, de façon toujours bizarre, mais il arrive à manifester ses désirs et nous le comprenons.

Il prend conscience de la normalité, de ce que l'on peut faire ou non, de ce qui est bizarre et inquiète les autres. Tom a perdu son agressivité, expression de ses angoisses. C'est le travail de longues années. Les indications sont en effet précises, à l'école comme au collège. Tout cela ne peut aboutir sans un professionnel de l'éducation ou un thérapeute.

Alors, sans doute, Sam peut dire qu'il peut défendre ses intérêts sans mettre Tom en danger. Il a découvert que Tom pouvait faire des progrès et que, au-delà de l'autisme, il y a Tom, son frère, qui l'imite pour continuer à être. Grâce à lui, Tom va encore progresser. Certainement que Sam représente quelque chose aujourd'hui pour Tom, mais il est bien difficile de dire quoi. Cependant, Sam aide Tom à aller vers la normalité. Alors Tom et Sam restent liés l'un à l'autre pour qu'un jour Sam reconnaisse Tom comme un garçon riche de qualités et que Tom voit Sam comme un frère. Il faut souhaiter que, grâce au merveilleux amour de leur maman, ils puissent se dire, un jour : « Je t'aime parce que tu es mon frère. »

Notre travail consiste, à chaque minute, à chaque instant, à aider tous ces petits « Martiens » à être, à vivre et à se dévoiler comme des enfants.

Plusieurs enfants, plusieurs autismes

Qu'est-ce qu'un enfant autiste ? Il est bien difficile, encore aujourd'hui, de dire ce que c'est que l'autisme. La variété des enfants amène une variété d'autismes. Prenons des exemples.

Vincent a onze ans. C'est un enfant autiste qui va à l'école. Il est en CE1 ordinaire et travaille très bien. Pourtant, il a peur des autres enfants. Il se cache sous son bureau si le maître hausse la voix, touche sans arrêt les oreilles des copains, sans que l'on comprenne pourquoi. Aujourd'hui, nous connaissons mieux Vincent et nous pouvons l'apaiser dans ses angoisses. Au mois de septembre, Vincent entrera en CE2. Un jour, il n'aura plus besoin d'accompagnement. Vincent parle comme vous et moi, et rien ne le différencie apparemment des autres enfants. Mais il ne sait toujours pas se faire de copains, et vivre dans la réalité est encore difficile.

Vincent est un enfant autiste intelligent. Notre approche de travail est pluridisciplinaire, avec un partenariat important avec l'école.

Teddy a dix ans. Lorsqu'il est arrivé à Regain, Teddy ne parlait pas. Il se balançait pendant des heures, ne pouvait pas rester assis plus de deux minutes et criait beaucoup. Entrer en relation avec lui, lui parler était impossible. Aujourd'hui, il dit des mots simples et se fait comprendre. Il reste un enfant bizarre qui comprend tout ce qu'on lui dit mais paraît ne pas entendre et ne pas comprendre. Il est en classe délocalisée[1].

C'est un enfant autiste présentant des difficultés de comportement. Notre approche de travail est très socialisante.

---

1. Un groupe d'enfants du centre que dirige Mme Barusseau se rend régulièrement dans une école qui met à disposition du centre une classe d'activités (NDE).

Marie est une jeune fille de treize ans arrivée à Regain à l'âge de neuf ans. Elle se frappait le visage, n'acceptait aucune frustration, hurlait. Elle était auparavant en hôpital de jour et la prise en charge a été tardive. Aujourd'hui, Marie se frappe moins et accepte de participer aux activités proposées. Elle sourit. C'est peu, me direz-vous ; pour nous et pour ses parents, c'est énorme.

L'autisme de Marie est grave. Notre approche de travail est basée sur la méthode Teacch[2].

Jonathan est un adolescent autiste qui est arrivé à Regain à huit ans. Il était très beau. Chaque année l'a vu progresser. Au début il ne parlait pas, semblait survoler la vie, n'exprimait aucun souhait. Aujourd'hui il est toujours aussi beau, parle, peut faire quelques phrases, se fait comprendre, mais il nous faut prendre le temps de l'écouter. Il participe à l'atelier théâtre, dans lequel il excelle. Il dit avec un air tendre : « Je t'aime. »

Oui, mais où ira-t-il demain ? Il n'y a rien pour lui permettre de continuer sa vie d'adulte. Il faudra continuer à nous battre pour que ces enfants ne finissent ni en MAS (maison d'accueil spécialisé) ni en hôpital psychiatrique. Il faut que ces enfants, quel que soit le degré de leur autisme, soient :

– éduqués : ils doivent apprendre à vivre, à être autonomes dans la vie quotidienne ;

– scolarisés : quel que soit leur niveau apparent, dans une école ou en institution, ils peuvent apprendre ;

– soignés : ils ont besoin de soins pour apaiser leurs angoisses ;

– intégrés le plus possible dans la vie de la cité : ouvrons les portes des institutions.

Ces enfants ont de grandes capacités, aidons-les à les utiliser. Ne les enfermons pas plus qu'ils ne le sont. Reconnaissons-les comme des enfants à part entière, croyons en leurs capacités ! Pour les comprendre et les aider, il faut accepter de penser autrement en restant dans la réalité de la vie. Il faut prendre le temps de les apprivoiser, de les rencontrer,

2. Il s'agit d'un traitement et d'une éducation pour les enfants atteints d'autisme et de troubles apparentés de la communication (NDE).

il faut vivre avec eux, les accompagner dans l'existence, les faire reconnaître et comprendre par leur famille et se laisser surprendre par leur sourire, leur envie de réussir, de vivre.

Ces enfants ont leur place parmi nous, même s'ils restent parfois *à côté* au lieu d'être *avec*. Ils sont ces questionnements sur la vie, sur ce qui en fait l'essence, la communication, l'affection, la compréhension de l'autre, l'acceptation, l'humilité, la différence. Nous avons créé à Regain une troupe de théâtre composée d'enfants autistes et de jeunes lycéens. C'est à la fois l'aboutissement et le partenariat d'un travail éducatif, pédagogique et thérapeutique. Les enfants de la troupe ont un peu ou beaucoup d'autonomie. C'est une aventure merveilleuse de partage, d'amour, de reconnaissance, d'émotions. C'est aussi changer le regard du public sur l'autisme. Comme ils sont inondés de joie lorsque les applaudissements crépitent ! Combien ils sont sérieux, attentifs à ce qu'ils font sur la scène ! Combien est grande leur confiance dans ces adolescents qui les accompagnent, les rassurent, les stimulent ! Combien sont émus leurs parents ! Combien immense est la joie de chacun de réussir !

Je n'oublierai pas le visage transfiguré de Romain au milieu des papillons, ni celui de Jonathan, roi, assis sur son fauteuil ou tendant la main à Benoît, jeune ado avec lequel il avait patiemment travaillé. Bravo à vous, jeunes lycéens. Combien vous avez réussi là où nous avons échoué, car vous étiez nature, sans ambition dans le partage, le jeu et l'acceptation de la différence !

Et toi, Tom, combien tu as su nous épater par ton jeu de comédien, ta présence, ta détermination à apprendre, ton sens du public et de la réussite sur scène ! Ton désir d'être « reconnu », avec un grand R. J'espère que ton frère, Sam, assistait à cette soirée merveilleuse et qu'il était fier de toi. Fier d'être ton frère.

Marie-Hélène Barusseau-Perrier

La fratrie, une relation normale

Renaud Le Bas, comédien, metteur en scène et auteur de théâtre, a récemment écrit *Un visible Théo,* le cheminement de Claire et Massimo avant la naissance de Maxime, prochaine création pour 2005 de la compagnie La main gauche. Il est aussi père de deux enfants, dont l'aîné est handicapé.

Il est 22 h 45, nous ne sommes pas samedi soir mais Claire et moi, le désir réveillé et l'envie retrouvée, nous sommes dirigés vers la chambre où le lit nous tendait les bras. Je ne sais pas si c'est parce que j'ai dégrafé son soutien-gorge trop vite ou parce que je n'ai pas répondu à sa question assez vite, mais depuis une heure nous sommes chacun retranchés dans notre coin du lit, la couette remontée jusqu'au menton, à attendre que je me décide à dire oui. Oui, je veux bien d'un deuxième enfant.

– Tu as peur.
– Pas toi ?
– Si, bien sûr, mais j'en ai quand même envie.
– On pourrait attendre que Théo soit un peu plus grand, plus autonome.
– Il a déjà six ans. Si on attend encore, on n'en aura plus le courage et il restera fils unique. Massimo, il n'y a aucune raison pour qu'il soit comme son frère.

Comme son frère. Bien sûr, il faudrait sacrément manquer de bol pour que le deuxième aussi hérite d'une maladie orpheline le rendant handicapé. Une sorte de syndrome découvert par des professionnels de la mutation génétique. En l'occurrence, le gène 16 chez Théo a eu des envies de mutation, ce qui a pour effet premier un retard « psychomoteur ». Autrement dit, sa mère et moi sommes sans cesse en train de jongler entre son âge réel et celui qu'il nous propose avec les difficultés motrices et intellectuelles qui s'y rattachent. Un langage approximatif que le temps et l'expérience nous ont appris à décoder, une démarche aussi chaloupée que celle d'un canard hors de l'eau et une tendance aux « dommages collatéraux » tels que cataracte et des trucs bizarres comme le rhume de hanche, qui provoque une paralysie temporaire des jambes, ou un manque de force dans les doigts pour tenir sa petite cuillère, mais là, avec sa mère, on le soupçonne de faire un peu exprès.

Il nous en aura fallu du temps, presque six ans, pour accepter Théo comme étant un petit garçon différent. Pour ne plus être aveuglés par notre colère et notre culpabilité, nous faisant voir son handicap d'un côté et lui de l'autre. Pour trouver la force et l'énergie de se bagarrer avec notre souffrance, avec ses visages qu'elle donne de vous aux autres et qui font peur. Pour accepter les larmes qui ne coulaient plus en regardant Théo nous rappeler à l'ordre avec son envie de vivre, avec ses progrès. Alors, nous avons recommencé d'avancer. Pleinement, sans renoncement. Si, un seul : la « normalité ». Élever un enfant, quel qu'il soit, cela reste élever un enfant. Il y a des différences, des moments de vies qui ne seront jamais pareils aux autres, mais il y a aussi beaucoup de points communs puisque nous avons à peu près tous les mêmes références en matière d'éducation. Mais de là à pousser la ressemblance à en avoir deux !

– C'est l'argent ?

– C'est sûr qu'à quatre on dépense plus qu'à trois.

– Mass, même pour Théo, ce sera bien un petit frère ou une petite sœur. Il ou elle va l'aider, le stimuler, il aura un autre regard que le nôtre, il n'aura pas tout le chemin que nous avons eu à faire. Pour lui ou pour elle, ce sera son frère, c'est tout.

– Attention, il est hors de question que lui ou elle soit la bouée de sauvetage de Théo !

– Je n'ai rien à me prouver, Mass, sinon je n'aurais pas attendu que Théo ait six ans. J'ai juste envie d'un deuxième enfant.

– Si c'est un garçon ?

– Ça nous en fera deux.

– Ce n'est pas ce que je veux dire. Avec une fille, au moins, ce serait complètement différent... Il n'y aurait pas de comparaisons.

– Ce n'est pas comme ça qu'il faut penser.

Il doit être je ne sais pas quelle heure mais je sais le jour, je sais l'année de la conception de notre deuxième enfant.

Qui dit premier enfant handicapé dit deuxième grossesse surmédicalisée. Avec Claire, nous nous rappelons l'insouciance de sa première grossesse. Rien ne laissait envisager l'arrivée d'un petit garçon avec des gènes qui mutent, donc les médecins et autres professeurs nous avaient laissés parfaitement tranquilles. Mais là, c'est toute une batterie de spécialistes, avec signature de décharges à l'appui en cas de problèmes, qui veille sur notre inquiétude en s'efforçant de la maintenir stable mais élevée. On n'en demandait pas tant. Pourtant, ce qui m'inquiète, ce n'est pas la grossesse. Je n'arrive toujours pas à l'identifier mais c'est là, présent, latent. Sixième mois, et je sens comme des relents de colère me submerger par moments quand je regarde ce ventre rond, quand nous jouons au jeu des prénoms et qu'à part Théo je trouve tous les autres nuls. Bien sûr que j'avais envie de ce deuxième enfant, mais maintenant qu'il est sur le point d'arriver, il me fait peur. Je me rapproche de plus en plus de Théo. Parfois bien, parfois mal. Je le stimule sans arrêt, j'exige de lui des progrès ridicules, je me transforme en éducateur. Claire supporte plutôt bien les heures et les heures d'attente dans les cabinets de ces professeurs tellement débordés. Elle a préparé son sac pour l'accouchement, préparé les premiers pyjamas et autres bodys. Elle a trouvé le prénom de son deuxième garçon.

– Maxime, calme-toi ! Regarde, Mass, touche comme il bouge. Théo ne nous a jamais fait ça.

– Si tu commences à faire des comparaisons intra-utérines, on est mal partis.

– Qu'est-ce qu'il y a, Massimo ? Pourquoi tu t'inquiètes, de quoi as-tu peur ?

– Mais de rien, tout se passe bien.

– Tu es moins présent que pour Théo, et ce n'est pas simplement le fait que ce soit le deuxième.

– Comment va-t-on faire ? Ça va être différent.
– Chaque enfant est différent.
– Oui mais lui, quand je lui poserai une question, il me répondra.

C'est le monde à l'envers dans ma tête : je vois deux enfants, un valide et un handicapé. Ils m'appellent tous les deux et je ne sais pas vers lequel aller. Cela fait presque sept ans que je vis avec un enfant avec qui il faut décoder une complicité, et celui qui arrive va m'offrir une relation faite d'échanges. J'ai peur d'être séduit par cette nouvelle vie.

– J'ai peur de moins aimer Théo à cause de Maxime, Claire. J'ai peur de la complicité que je pourrais avoir avec lui, du bonheur que je pourrais y prendre. Parce que j'ai l'impression que ce sera trahir Théo.
– Mass... Tu m'as moins aimée quand nous avons eu Théo ?
– Non.
– Ce sera pareil avec Maxime, l'amour ça ne se divise pas, ça se multiplie.
– Oui, mais là c'est pire, je n'ai pas peur de l'aimer moins, j'ai peur qu'il m'intéresse moins.
– Il vaut mieux avoir peur que d'être en colère.

De toute façon il est trop tard pour faire machine arrière. Je m'engage dans le couloir de bus, ce qui fait râler Claire qui ne cesse de me dire que tout va bien, qu'elle a perdu les eaux mais qu'il ne faut pas paniquer. Maxime ne va pas débarquer sur le siège du passager, il va être bien sage et attendre le troisième étage de la maternité pour pousser son premier cri.

Je suis en train de laver Maxime qui n'a que quelques heures et qui déjà m'accorde toute sa confiance.

– Tu vas voir mon grand, tout va bien se passer.

Tout va bien se passer sauf que Maxime est du genre remuant ! C'est fou ce qu'un bébé valide peut crier fort. En plus, pas la peine de veiller à ce qu'il mange bien et qu'il prenne du poids, il a tout le temps faim. À défaut d'attention particulière, Maxime nous prend beaucoup de temps, et Théo, qui vit encore avec nous, semble également un peu énervé par le nouveau rythme nocturne de la maison. Mais Claire avait raison, Maxime permet à Théo de mieux se situer en tant qu'individu unique. La seule présence du bébé le pousse à s'émanciper. Instinctivement, il sent que lui aussi va participer à son éducation. Nous sommes vigilants. Théo est parfois brusque mais nous encourageons l'intérêt qu'il a pour son frère, et la photo de Théo donnant le biberon à son frère n'est pas près d'être rangée dans un carton. Nous constatons aussi qu'il peut en être jaloux et que regarder Maxime hurler quand nous sommes trop lents à lui préparer son biberon peut provoquer chez Théo une vive hilarité. Quant à Maxime, avec Claire, nous nous demandons parfois s'il n'est pas dopé ou bloqué sur la touche avance rapide. Les repères que nous avions en matière de bébés sont ceux que Théo nous a donnés. Là, nous sommes confrontés à quelque chose de beaucoup plus remuant.

– Il marche déjà !
– Oui.
– Mais quel âge a-t-il ?
– Un an.
– C'est bien, c'est tôt.
– Je ne sais pas, son frère a réussi à se mettre debout à trois ans et demi, alors...

Sûrement Maxime a-t-il ressenti qu'il valait mieux pour lui qu'il se débrouille vite et tout seul. Mais, avec Claire, nous avons toujours vu que c'était un petit garçon curieux. Nous ne nous focalisons pas sur cette autonomie un peu précoce. Après tout, bien des benjamins suivent ce type de parcours tout simplement parce que les parents sont plus aguerris au deuxième et peut-être un peu moins patients.

Avec Claire, nous sommes émus de voir évoluer la complicité des deux frères, et moi qui avait peur de préférer l'un à l'autre, je serais presque jaloux de leur dialogue fait de « hi hi hi » pour Théo et de « argle argle » pour Maxime. L'exclusivité de leur langage nous rejette dans l'encadrement de la porte d'où nous pouffons sans pour autant trouver le moindre sens à leurs débats philosophiques.

Nous sommes maintenant quatre à table. Celui qui n'aide pas Théo à manger aide Maxime, mais, depuis quelque temps, celui-ci veut se débrouiller tout seul, et même si le style est encore brouillon, bientôt il n'aura plus besoin de notre aide. Nous incitons Théo à prendre exemple sur son frère. Il en est de même lorsqu'ils s'habillent ou se déshabillent, pour tenir un crayon, faire un puzzle, un encastrement, reconnaître les couleurs, lire un livre, ranger la chambre...

– Aller en fac ! Il y a des choses que Théo ne sait pas faire.

– Ce n'est pas une raison pour ne pas lui proposer. C'est aussi une manière de ne pas faire de différence.

– D'accord, mais dans ce cas-là, il ne faut pas attendre de résultat.

– Tu n'as pas envie qu'il sache manger tout seul ?

– Si, mais pour lui... et non pas pour qu'il soit comme son frère.

Maxime a des copains à la halte-garderie. Nous l'avons inscrit dans une structure mixte, dans le sens où il y a des handicapés et des valides. Nous voulons que Maxime sache très vite que son frère n'est pas le seul à être différent. Nous pensons avec Claire que si nous « banalisons » le handicap aux yeux de Maxime, il l'acceptera plus facilement pour son frère et ainsi se sentira moins triste ou en souffrance par rapport à Théo. Car, déjà, les questions fusent. Et pourquoi il est comme ça ? Théo, il parle mal. Avec Théo, on ne peut pas courir. Et en même temps, au fond de lui, il a déjà tout compris, tout accepté. Théo est son grand frère et c'est tout ce qui compte. Avec Théo, je peux me bagarrer, je peux me fâcher pour la voiture rouge, je peux faire crier papa et maman parce qu'on fait le bazar dans la chambre au lieu de dormir.

Cette année, nous découvrons encore autre chose grâce à Maxime : notre quartier ! En effet, Théo étant en école spécialisée, nous étions coupés du tissu social qu'amène l'école. Nous renouons donc des relations avec nos voisins, des petites choses simples comme la couleur du temps, en attendant de voir les enfants surgir de la cour de récréation. Maxime est malgré lui un passeport pour notre insertion dans la société. Claire et moi sommes maintenant pleinement dans le monde qui nous entoure, mais en plus nous sommes aussi dans le monde du handicap. Nous sommes encore maladroits mais Maxime, qui ne se pose pas de questions, nous pousse à faire des progrès, à aller de l'avant. Et ce ne serait pas aller vraiment de l'avant si nous laissions Théo derrière nous.

Donc, notre quartier va lui aussi mettre les orteils dans un autre univers : celui du handicap.

Deuxième année de maternelle et Maxime a très bien intégré la notion de copains, surtout la notion de la « maison des copains ». On le sent vraiment lancé et parfois ses chutes se terminent en points de suture, mais ses jeux s'affinent. Il est passé aux constructions et aux bonhommes qui s'attaquent parce qu'ils ne sont pas gentils ; son imaginaire avance. Théo aussi est en deuxième année mais toujours en IME. C'est une petite structure et on le sent plutôt bien. Ses centres d'intérêt évoluent également et pour son anniversaire il a eu cet appareil à musique avec lecteur de CD, de cassettes et, bien sûr, la radio FM. Théo adore tout ce que l'industrie du disque propose aux jeunes préadolescents, formidable. Je persiste quand même à lui faire écouter d'autres musiques et nous tombons parfois d'accord sur du jazz ou sur Elvis.

– Maman, Théo il ne veut pas jouer avec moi.

– Il est grand, il s'occupe à autre chose.

– Oui, mais il fait que ses « hi hi hi ».

– Amène tes jouets et joue dans la salle.

– Oui, oui, oui, mais je veux qu'il joue avec moi comme mon copain Jules.

Plus ils grandissent et plus nous ressentons une frustration chez Maxime de ne pas pouvoir exploiter plus sa relation avec Théo. Nous pensons avec Claire que Théo aussi doit ressentir cette frustration. Cela se voit surtout quand ils sont en phase, qu'ils trouvent un terrain de jeu où ils se comprennent. D'un coup, c'est comme s'ils se retrouvaient après des semaines de séparation. C'est souvent un jeu simple : cache-cache, un deux trois soleil, une bagarre sur le lit de maman et papa avec maman et papa. Ces jours-là, le coucher est plus difficile, car ils veulent savourer ce moment le plus longtemps possible, et leurs rires et leurs dialogues nous laissent de nouveau dans l'encadrement de la porte. Avec Claire, on se dit qu'il vaut mieux qu'il y ait frustration plutôt que colère ou culpabilité. Après tout, dans une fratrie où les deux enfants ont une grande différence d'âge, cette frustration doit également exister. Nous restons pourtant vigilants, afin que cette frustration n'engendre pas de l'indifférence.

Nous sommes confiants car Maxime et Théo sont frères. Ils grandissent dans leur relation, dans leur questionnement de l'un par rapport à l'autre, mais ce n'est qu'un aspect du lien qui les unit ; il y en a d'autres, moins visibles mais aussi forts, comme l'amour qu'ils se portent mutuellement. Ils sont différents, mais les liens qui les unissent ne doivent pas être coupés à cause de la frilosité de notre entourage, de la non-connaissance et de la peur qu'engendre le handicap. C'est à nous, Claire, Massimo, mais également aux autres parents qu'incombent la responsabilité et le plaisir d'encourager cette relation fraternelle qui avance et qui, pour Maxime et Théo, est normale.

Et de cette normalité-là, j'en veux bien.

Marie et Emmanuelle

Marie et Emmanuelle sont sœurs. Leurs parents avaient été, auparavant, déjà mariés. Le père d'Emmanuelle et de Marie avait eu précédemment un fils, Nicolas, et leur mère une fille, Juliette. Emmanuelle, la cadette de cette famille recomposée, a sept ans de moins que sa sœur Marie, qui témoigne ici. Privée d'oxygène à sa naissance en 1989, Emmanuelle est aujourd'hui handicapée moteur cérébrale.

Quand Emmanuelle est née, nous habitions encore dans le Sud-Est. À la date prévue pour l'accouchement, nous étions en vacances chez ma grand-mère paternelle dans le Périgord. Il était prévu qu'Emmanuelle naisse pendant cette période à la maternité de l'hôpital local. Elle est arrivée à terme. J'ai senti confusément, après l'accouchement, que les adultes étaient soucieux. J'ai compris que quelque chose n'allait pas. L'ambiance était bizarre. Même si cette période reste floue dans mes souvenirs, je me rappelle pourtant une phrase de mon grand frère, qui m'a demandé si je préférais qu'Emmanuelle soit débile ou ne sache pas marcher. Il m'a affirmé que, pour sa part, il préférait qu'elle ne sache pas marcher. Moi, j'ai pensé à cet instant que ne pas pouvoir se déplacer seul était certainement terrible.

Par la suite, j'ai su que les médecins avaient mis trop de temps pour prendre une décision et pratiquer une césarienne. Ma sœur a souffert avant même de naître et, tout de suite après, elle a manqué d'oxygène. Les médecins reconnaissaient leurs responsabilités, mais ils étaient incapables de dire à mes parents quelles séquelles Emmanuelle garderait de cette naissance difficile. Elle a été transportée à l'hôpital régional le plus proche. Au début, je me souviens que maman était encore hospitalisée et ne pouvait pas la voir. Mon père, lui, se rendait au chevet d'Emmanuelle et faisait des photos qu'il nous montrait. Puis maman a pu enfin se rendre à Bordeaux et elle est revenue, un beau jour, avec ma petite sœur. Elle était trop mignonne. C'était un bébé craquant. Tout semblait normal, mais parfois elle avait des spasmes. C'était très impressionnant. Ses yeux partaient en arrière. Je peux comparer ces crises à de l'épilepsie. Je me souviens de cela... Je sais aussi qu'à cette époque on lui donnait du Valium. Ma grand-mère maternelle, qui avait eu cinq enfants, s'inquiétait de cette façon qu'avait Emmanuelle de mettre subitement ses bras en arrière. Maman était préoccupée par beaucoup de choses et certainement par le fait que nous ignorions, les médecins compris, quel serait son handicap. Nous savions simplement que ce serait grave.

Mes parents ont consulté de nombreux spécialistes. Maman a demandé à l'un d'entre eux si Emmanuelle marcherait un jour. Ce médecin lui a répondu que cela n'était pas le plus important. Sur le moment, ma mère l'a mal pris. Maintenant elle comprend ce qu'il a voulu dire. Emmanuelle est aujourd'hui dans un fauteuil roulant. Elle a seize ans et raisonne comme les enfants de son âge. Elle est même probablement plus mûre que beaucoup d'entre eux. Cependant, elle parle avec difficulté. Je me souviens qu'elle a dit « ahi » alors qu'elle avait trois ans. Elle tentait simplement de prononcer mon prénom. Aujourd'hui, elle dit « mahi » ; elle a beaucoup de mal avec les *r*. Maman m'avait demandé de noter sur un cahier les nouveaux mots que prononçait Emmanuelle ainsi que ses progrès. Au début, ils étaient flagrants... Aujourd'hui, il y a en toujours, mais ils sont moins évidents. Cependant, j'avoue qu'elle continue de m'éblouir et, quand elle fait quelque chose de drôle, je m'extasie encore et la nouvelle fait le tour de la famille. Elle utilise beaucoup son ordinateur pour communiquer plus aisément. Récemment, par exemple, alors qu'elle souhaitait accéder à un jeu, le programme lui demandait comment elle s'appelait. Sa réponse fut : « Et vous ? » Elle est actuellement au collège, dans une SECPA[1] qui accueille des enfants en grandes difficultés intellectuelles ou sociales. Cela ne lui convient pas et elle en a assez de ne pas se reconnaître parmi ses camarades qui peinent énormément dans leurs

1. Section d'enseignement général et professionnel adapté (NDE).

apprentissages. L'année prochaine, elle a décidé d'aller dans un centre adapté à son état et de rejoindre son amoureux, celui-là même qui lui envoie des lettres enflammées !

La famille est très resserrée autour d'Emmanuelle. Elle est notre mascotte, une sorte de petit elfe magique, et son départ de la maison laissera certainement un vide. Cependant, nous respectons sa volonté.

Mes parents me consacrent énormément de temps et suivent mes études pas à pas. J'avoue que j'ai beaucoup d'états d'âme. Je ne vois pas Emmanuelle comme une personne handicapée, mais, sans cesse, je me pose des questions. Je n'ai pourtant jamais eu honte d'elle et d'ailleurs personne ne m'a jamais fait de réflexions, à l'exception d'une copine d'école. Elle était venue manger chez nous et elle m'a avoué qu'elle était gênée de manger à la table de ma sœur qui « s'en met[tait] partout ». Cela a été une sorte de prise de conscience. Je ne fréquente plus cette fille, mais cela n'a pas de rapport avec son attitude.

Lorsque j'ai des problèmes, j'ai le sentiment que mon père peut mieux comprendre que maman. Maman paraît toujours très tranquille. Tout semble toujours aller bien. Elle vit derrière les remparts qu'elle s'est construits. Il faut dire qu'elle a déjà beaucoup souffert dans sa vie, et qu'elle a perdu accidentellement une petite fille d'un an lors de son premier mariage.

Emmanuelle a largement entamé son énergie et lui a volé une partie de sa vie. Cependant, elle n'en dit jamais rien et ne se plaint pas. Ma grande sœur est aussi très concernée par Emmanuelle et particulièrement présente quand elle vient de Paris pour nous rendre visite. Mes grands-mères entourent Emmanuelle. Ma grand-mère paternelle était autrefois institutrice. Elle vient à la maison tous les week-ends pour participer activement à l'éveil intellectuel de ma petite sœur. Toutes les deux s'amusent comme des folles. Mon frère habite un peu loin. Quant à papa, il soutient maman et joue beaucoup avec Emmanuelle. Il est très pudique et je pense que la véritable relation autour d'Emmanuelle appartient peut-être à leur intimité de parents. Quand ma sœur sera dans le centre qu'elle a choisi, mes parents retrouveront un peu de liberté. Je sais que leur souhait a toujours été d'aller vivre dans les îles. Ils le feront un jour, j'en suis sûre. La présence d'Emmanuelle a simplement retardé un peu leur départ. On ne parle jamais d'elle comme d'un obstacle ou d'un problème. Il est vrai cependant qu'elle grandit. Ce n'est plus une petite fille et cela complique un peu les choses. Elle commence à avoir de la poitrine... et j'avoue qu'elle est devenue bien lourde à soulever quand il faut lui donner son bain, la déposer dans la baignoire ou l'en sortir. Reste qu'Emmanuelle est un trait d'union entre tout le monde. Elle parle de son avenir de femme. Elle adore les bébés, elle fait des projets et cela me fait de la peine. Elle me dit que plus tard elle voudrait avoir des enfants. Je ne sais pas si tous ses rêves seront réalisables. Je ne sais pas non plus comment lui faire prendre conscience que tout cela paraît bien difficile.

Pour ma part, j'avoue que, depuis que je suis toute petite, l'idée de l'accouchement me fait peur. Je pense que cela est lié à l'histoire d'Emmanuelle et, contrairement à elle, je ne serais pas si affirmative sur mon désir d'enfants. Une simple erreur médicale a compliqué toute la vie. J'ai longtemps eu la « rage » contre les médecins, et j'ai souvent rêvé que ma sœur marchait. J'ai noté certains de mes rêves. Ils me permettent d'expulser des choses dont je ne parle pas et qui me posent problème. Je me souviens de l'un d'entre eux en particulier, assez récent. Le gouvernement avait fait passer une loi exigeant que les handicapés soient euthanasiés. Quelqu'un avait donc tué Emmanuelle, mais elle avait été clonée sans son handicap. J'y ai repensé toute la journée.

J'ai toujours été très proche d'Emmanuelle. Elle était ma créature. Il est vrai qu'il m'est souvent arrivé d'imaginer Emmanuelle normale. En revanche, je n'ai jamais envisagé sa disparition alors qu'elle, elle parle de la mort. Elle la redoute, que ce soit pour elle-même ou pour ceux qu'elle aime. Elle est croyante et prie. J'avoue que, quand j'étais petite, j'étais obsédée par l'idée que mes parents partiraient un jour et que nous allions nous retrouver toutes les deux seules, Emmanuelle et moi. Je considère que j'ai une responsabilité plus importante vis-à-vis d'elle que Juliette et Nicolas car elle est ma sœur. Sur ce point, maman m'a toujours rassurée. Elle est simplement ma petite sœur, et je vis tellement avec elle et son handicap qu'il y a beaucoup de questions que je ne pose plus ! Cependant, savoir ce que je vais faire lorsque mes parents disparaîtront reste un vrai souci. Par exemple, il me paraît impossible d'aller m'installer à l'étranger et de laisser Emmanuelle en France. Je ne pense pas non plus pouvoir ou devoir la prendre chez moi. Je sais qu'il y aura ma grande sœur. J'avoue être toujours inquiète et cela s'est traduit longtemps par des crises d'angoisse. Je ne sais pas si cela a un lien avec la situation. Aujourd'hui j'assume mieux, même si tout est loin d'être réglé.

Vivre avec ce qui reste

Entretien avec Joëlle Sabatier, cadre supérieur de santé à l'unité de médecine physique et de réadaptation Widal 1 de l'hôpital Raymond-Poincaré à Garches.

Maria Carrier : Travailler auprès de blessés dont la moelle épinière a été endommagée – les blessés médullaires –, comme vous le faites, doit être une vocation.

Joëlle Sabatier : Je ne dirais pas cela. Il s'agit plutôt d'une série de circonstances qui m'ont peu à peu conduite vers ce service. J'ai commencé ma carrière avec un poste en hépato-gastro-entérologie. Puis je suis devenue infirmière dans un service de réanimation médicale. J'ai travaillé auprès de dialysés, de personnes atteintes de cancers et des premiers malades du sida. J'ai ensuite travaillé en réanimation chirurgicale, puis au bout de dix ans, en tant qu'infirmière, j'ai passé le concours de l'École des cadres.
Je souhaitais au départ trouver un poste d'encadrement en chirurgie, en réanimation ou aux urgences. Afin de concilier ma vie professionnelle et familiale, je suis finalement arrivée ici !

Compte tenu de votre expérience et de la gravité de l'état des malades dont vous vous étiez occupée, vous deviez être de taille à travailler auprès de grands déficients.

Détrompez-vous. Au bout de quatre mois, je souhaitais quitter cet hôpital. J'étais épouvantablement mal à l'aise face aux personnes en fauteuil ! Quand, par exemple, des familles venaient me demander des conseils, je les adressais aux infirmières du service. Je ne savais pas répondre à des questions qui sont souvent extrêmement pratiques ou techniques. Par ailleurs, je vous rappelle aussi que j'avais travaillé pendant des années en réanimation, où le pronostic vital est prédominant. J'ai pris conscience que dans cette lutte pour la vie, en réanimation, on pouvait parfois détruire la vie de certains. Ils étaient aujourd'hui en vie, mais handicapés pour toujours. Tout ce pour quoi je m'étais battue pendant des années était remis en cause. Le médecin responsable de l'unité, le Pr Dizien, voyant mon désarroi, m'a lancé un défi : il m'a dit que je devais adapter mes compétences à la médecine physique et à la réadaptation, et devenir dans ce domaine aussi bonne que je l'avais été en réanimation. Je n'aime pas les défis : résultat, cela fait treize ans que je suis ici.

Comment avez-vous fait ?

J'ai dû cesser de penser que les gens que je côtoyais étaient des malades. Quand ils sont ici, ils ne sont plus malades. Je veux dire par là que leur problème n'est plus médical à proprement parler. Pour nous, ils sont des « patients ».
C'est une démarche que doivent également faire les familles. Cela me permet aujourd'hui de comprendre la difficulté qu'ont les proches, parents, frères et sœurs ou amis, à trouver la bonne distance avec les patients. J'ai cessé de poser des questions qui viennent à l'esprit tout naturellement, mais qui se soldent par des réponses sans appel.

Par exemple ?

Par exemple : « Comment allez-vous ? – En fauteuil ! » Ou encore : « Je ne vous fais pas mal ? – Je ne sens plus rien ! »

Au-delà de ces tics de langage ?

Au-delà ? Il n'y a pas de mots qu'il faille utiliser à tout prix. Non. Tout cela dépend de l'histoire de chacun avant l'accident qui l'a conduit dans notre service. L'équipe pluridisciplinaire (kinésithérapeute, ergothérapeute, orthophoniste, assistante sociale, psychologue, infirmière, aide-soignante et, bien entendu, le médecin) nous aide à connaître cette partie cachée de la vie de nos patients. En revanche, il y a des mots que l'on ne doit pas prononcer, comme le mot, « accepter » ou « acceptation ». On ne peut pas demander à quelqu'un d'accepter un corps qui ne répond plus ou une image corporelle qui n'est pas la sienne.

En ce qui concerne la famille, on ne peut pas accepter d'avoir été celui qui conduisait, par exemple, lorsqu'il s'agit d'un accident de la route, et par conséquence d'avoir été celui qui a fait tant de dégâts. L'idée d'être à l'origine de ce désastre est insupportable. On peut également être celui qui s'en est bien sorti, qui n'a rien eu. La question est alors : « Pourquoi lui et pas moi ? » C'est toute la problématique du rescapé.

Quand je rencontre les familles, mon travail consiste souvent à les déculpabiliser. Les proches ne doivent pas, sous prétexte qu'ils vont bien ou parce qu'ils se sentent coupables, devenir des infirmiers. Ils ne doivent en aucun cas prendre la totalité de la suppléance. Leur aide est d'une autre nature. Ils sont là pour accompagner, et surtout pas pour faire les choses à la place du patient. Les proches doivent rester dans l'affectif, le relationnel. Si l'on veut véritablement aider un patient déficient, il faut lui laisser retrouver le plus possible son autonomie. Être autonome, c'est pouvoir décider de faire ou non. Le patient doit garder cette prérogative essentielle à chacun d'entre nous.
Cela signifie, dans la vie de tous les jours, que, pour le patient comme pour nous, se promener en compagnie de quelqu'un, c'est se déplacer côte à côte et non pas être poussé en fauteuil en terrain plat. Faire à la place de l'autre, c'est « fabriquer » du handicap. Mais attention ! Il ne faut pas non plus, sans le vouloir, compliquer la vie du patient avec nos tics de valides. Inutile de ranger le fauteuil roulant dans un coin de la chambre ou de plier ses vêtements et de poser ses chaussures sur une chaise à trois mètres du lit. Ce sont des petites choses que tous les proches du patient doivent apprendre et retenir. Il en est de même lorsque l'on parle à quelqu'un assis sur un fauteuil. Il faut se mettre à sa hauteur, s'asseoir en face, s'accroupir, se pencher. Lever la tête est très douloureux pour ceux qui ont subi des interventions consistant à rigidifier la colonne vertébrale. Au début, alors que je suivais la visite hebdomadaire des patients du service par le Pr Dizien, j'étais toujours étonnée de le voir se mettre par terre pour

discuter, ou encore s'installer sur un bord de lit. C'était parfaitement contraire aux notions d'hygiène que l'on m'avait inculquées dans ma formation.

Autre chose : le toucher est important. Il faut toucher là où le corps dispose encore de sensibilité. Mais attention ! Encore une fois, le corps, sous la lésion médullaire, peut être sensible et douloureux. L'essentiel reste la relation d'empathie que l'on tisse avec le patient.

Les familles sont sans doute très désorientées par cette situation. Comment leur expliquez-vous ce qu'elles vont devoir affronter ?

Le médecin, dans un premier temps, leur décrit la lésion médullaire. La déficience se mesure en termes d'incapacité. Il ne fait jamais de diagnostic sur l'éventuelle récupération. Pour ma part, je ne leur explique rien. Je réponds à leurs questions. Tout mon travail va consister à leur faire comprendre, peu à peu, qu'ils vont désormais devoir faire avec ce qui reste. Cette formule n'est pas jolie, mais je n'en trouve pas d'autre. La déception est à la mesure de ce que l'on comprend lorsque l'on dit « vivre avec ce qui reste ». Il faut que les familles comprennent que, dans ce service, nous ne faisons pas de miracles. Laisser entendre que les choses iront mieux, c'est prendre le risque de créer, à plus ou moins court terme, des relations conflictuelles avec les proches. L'être cher ressortira de ce service « autrement », différent de ce qu'il a toujours été, avec d'autres points de repère, une autre image de soi. Les proches doivent l'entendre comme cela.

Ils le mesurent pleinement dès la première « permission thérapeutique[1] ». Pour la première fois, le patient et ses proches sont confrontés à la rue, aux trottoirs, aux marches, au regard du voisinage... et à la galère continue à la maison avec la baignoire ou encore avec les toilettes. Le plus difficile n'est pas de grimper sur les toilettes, non ! C'est d'y arriver quand le couloir ne dispose pas de la largeur nécessaire au fauteuil, par exemple. Là, le patient mesure comme le monde d'avant, si rassurant autrefois, lui est aujourd'hui hostile.

---

1. Autorisation de rentrer chez soi dans son cadre habituel, pour quelques jours ou pour un week-end (NDE).

Les frères et sœurs sont-ils des interlocuteurs particuliers dans la famille ? Leur attachement est souvent bien différent de celui d'un père, d'une mère, d'un compagnon ou d'une compagne...

Je vois en premier lieu les parents ou le conjoint et les amis. Les frères et sœurs viennent à un moment donné, mais ils ne sont pas en première ligne, si je puis dire. Ils se situent mal dans cette reconstruction, surtout quand ils sont jeunes. Certains sont eux-mêmes à la recherche d'un équilibre et ils ne veulent pas déstabiliser ce qu'ils viennent tout juste de mettre en place. L'accident surgit parfois alors qu'ils se voyaient parfois de façon épisodique. Assumer une présence plus assidue auprès du patient ou les obligations que la nouvelle situation exige leur paraît impossible. Chacun a sa vie.

Les parents vivent les choses autrement. Ils vont « récupérer » un bébé... leur bébé. Ils infantilisent le patient, allant jusqu'à en reprendre possession, au détriment des autres enfants ou du conjoint. Les frères et sœurs sont, eux, au même niveau que le patient. Ils n'ont pas de rapport d'autorité ou d'instinct de propriété à son égard.

Reste que les frères et sœurs sont les plus demandeurs d'informations. Ils s'adressent aux soignants plus souvent qu'au médecin. S'ils ne sont pas très présents, ils sont en revanche très prenants et exigeants. Ils n'ont pas beaucoup de temps à accorder au patient et, de cette courte présence, ils veulent tirer le plus d'informations possible et de « rassurance » sur la qualité des soins. Cela aboutit parfois à des psychodrames.

Vous pensez à quelque chose en particulier ?

Oui... Il suffit par exemple qu'un patient soit en retard pour sa rééducation et qu'il le dise à son frère ou à sa sœur. Ce dernier prend fait et cause pour le patient, alors que tout a déjà été discuté avec lui. Cela signifie que, tout d'un coup, le sentiment fraternel a réémergé et qu'on défend le frère ou la sœur bec et ongles. Il peut s'agir parfois de culpabilité, quand le frère ou la sœur a causé l'accident. Défendre le frère ou la sœur accidentés devient une façon de se racheter. Quoi qu'il en soit, ce genre d'incident peut nous servir. C'est presque une aubaine. Selon le type de lésion médullaire et son degré, c'est le moment d'expliquer aux frères et sœurs que le patient n'est pas malade et qu'il doit se prendre en charge tout seul. On explique que la rééducation commence dès qu'il ouvre un œil, chaque matin, et qu'elle se fait en permanence et pas seulement à l'heure du rendez-vous avec le kiné.

Nous demandons aux frères et sœurs de ne pas faire les choses à la place du patient lorsqu'il a la possibilité de les faire seul. Je reviens sur cette notion d'autonomie : les frères et sœurs comprennent beaucoup mieux et beaucoup plus vite que leurs parents. C'est ainsi que les fratries retrouvent assez facilement, malgré une image corporelle différente, les relations qu'elles avaient avant l'accident. Elles redécouvrent le bonheur passé ou les conflits, s'ils étaient préexistants à l'accident. Revenir à cette relation d'autrefois est aussi un moyen de faire avancer le patient, de le faire progresser. Une fois que ce dernier aura appris à vivre autrement, de lui-même il demandera ce dont il a besoin à son entourage et à ses frères et sœurs. Les frères et sœurs peuvent aider à cette autonomie, ils peuvent rassurer, servir de confidents et encourager le patient sur certains sujets dont il est parfois difficile de parler entre enfants et parents. Le patient intégrera d'autant mieux sa différence qu'il aura retrouvé son autonomie. Il acceptera aussi son incapacité à faire certaines choses et cela ne posera plus de problèmes. Il faut évidemment pondérer ces propos en fonction du niveau d'incapacité et des causes de l'accident.

Y a-t-il des gestes que le patient en fauteuil doit apprendre pour gagner de l'autonomie vis-à-vis de son entourage en général ?

Le fauteuil montre une incapacité à marcher. Cela ne traduit pas le côté définitif de cette incapacité. On dit un fauteuil, car la situation peut durer et il faut se sentir confortablement installé, et non pas sur une fesse, comme sur une chaise. Un autre mot à retenir, qui lui aussi cache une réalité bien tangible, c'est le mot « sondage ». Les fonctions vésicales et de défécation sont déficientes. Il faut aller chercher les matières dans l'ampoule rectale lorsque l'on veut aller à la selle et, par ailleurs, procéder à la vidange de la vessie quatre à cinq fois par jour. Le patient qui peut le faire doit le faire lui-même, car conserver une sonde, c'est garder un cordon ombilical hospitalier.

Procéder à l'autosondage, c'est acquérir son autonomie, se libérer de l'hôpital, larguer les amarres. Cela permet aussi de pouvoir retrouver une possibilité de faire l'amour... Tant que les patients ont une sonde, ils ne parlent pas de cet aspect intime de leur vie. Il en est ainsi tant qu'ils ne sont pas sortis du service, qu'ils ne sont pas sollicités par leurs partenaires. Les femmes, par exemple, ne se posent pas la question tant qu'elles n'ont pas retrouvé leur cycle menstruel. Il faut aussi qu'elles acceptent l'idée qu'elles peuvent être encore séduisantes, malgré une image corporelle différente. Quant à l'homme, le fait d'avoir une érection est très rassurant. Cela se comprend aisément.

En conclusion, ce qui paraît évident à l'extérieur ne l'est pas forcément ; et, à l'inverse, les écueils que pensent voir les valides n'en sont pas toujours. Malgré tout cela, certains patients m'ont parlé de renaissance... Vous voyez, je ne suis pas là par vocation... mais je ne me verrais pas ailleurs pour l'instant !

Mireille et Marie

Mireille est née en 1957, ses sœurs Marie et Sophie respectivement en 1959 et 1961. Le père de ces trois petites filles est artisan et la mère femme au foyer. Ils vivent dans un village de campagne en Auvergne.
Alors qu'elle était âgée de neuf mois, Marie est tombée du lit sur lequel sa mère l'avait déposée au sortir de son berceau. Elle est restée hémiplégique à la suite de cette chute.

Il a suffi d'un instant d'inattention pour que Marie, ma sœur, tombe du lit. Elle a tout simplement roulé et chuté. Au début, les médecins ont pensé que son hémiplégie provenait d'un hématome qui s'était formé dans son cerveau à la suite du choc dû à la chute. Mais plus tard, une autre hypothèse a été évoquée : certains spécialistes que mes parents ont consultés ont pensé que, peut-être, ma sœur était tombée parce que justement l'hématome avait précédé la chute. Cette éventualité est d'autant plus crédible que ma sœur la plus jeune, Sophie, a été victime, à l'âge adulte, d'une rupture d'anévrisme qui a été opérée très vite et rapidement réduite. Ma sœur n'en garde aucune séquelle, si ce n'est que, de temps en temps, elle se sert de cet accident de santé pour faire quelques caprices auprès de son mari et de ses proches. Elle se plaint alors de forts maux de tête. Vous imaginez la peur de notre mère dans ces moments-là !

Marie, elle, a un véritable handicap. Elle est paralysée du côté droit, son bras est totalement inutilisable. Sa jambe est moins atteinte. Elle marche cependant avec des béquilles. Avec le temps, l'âge et surtout l'obligation de compenser, son genou gauche a souffert et elle a dû être opérée de cette jambe également.

Ma mère s'est toujours sentie responsable de la déficience de ma sœur et, depuis l'accident de Marie, je ne l'ai jamais vue heureuse. Elle n'a jamais cessé de répéter que tout était de sa faute. Cependant, un jour, j'ai entendu qu'elle disait à quelqu'un que le jour où Marie est tombée, j'étais tellement turbulente qu'elle s'était occupée de moi et avait laissé ma sœur sans surveillance quelques instants. Sans doute l'avait-elle dit auparavant, mais j'étais trop petite pour comprendre le sens de ces paroles. Depuis, je me suis mise à culpabiliser. Je m'en suis voulu, j'en voulais à ma mère et je me suis mise à surprotéger ma sœur, pour racheter ce dont je me sentais coupable.

À la maison tout tournait autour de Marie, et, paradoxalement, cela ne me plaisait pas non plus. J'étais partagée entre deux attitudes. Je défendais ma sœur bec et ongles à l'extérieur de la maison ; j'étais la sœur de la boiteuse, pour laquelle les enfants nourrissaient de la compassion, mais aussi de la curiosité. En revanche, à la maison, je la trouvais extrêmement pesante. Je ne pouvais rien faire sans elle. Je devais l'emmener partout et nous étions dans la même école. Quand on faisait du vélo, vous imaginez le boulet ! Une fois, je l'avais installée au milieu du carrefour et elle faisait la circulation avec un sifflet. Au bout d'un moment, transie de froid, elle s'est mise à pleurer. Je lui en ai reparlé depuis... Elle ne s'en souvient pas. En même temps, je ne supportais pas que l'on se moque de Marie. J'ai donné une correction à un garçon qui, à l'école, riait d'elle. Une bonne sœur qui m'avait vu faire m'a punie. J'en voulais au garçon, mais également à la bonne sœur de ne pas avoir compris que je n'acceptais pas que ma sœur soit l'objet de moqueries. Maman, à cette époque, ne cessait de parler de sa « petite main ». Elle disait par exemple : « Marie ne peut pas faire ceci ou cela avec sa petite main. » Marie est l'objet de toutes les attentions de la part de maman, mais aussi de toutes ses indulgences.

Aujourd'hui encore, quand j'appelle maman au téléphone, elle me donne des nouvelles de Marie comme si elle était encore une enfant, alors qu'elle est mariée et mère de famille. Maman ne me demande jamais comment je vais ou ce que je fais !

Il faut ajouter que ma sœur Sophie est née prématurément, si bien que maman s'est énormément occupée non seulement de Marie, handicapée, mais aussi de Sophie, qui a longtemps eu besoin d'une attention toute particulière.

Marie et moi nous nous ressemblions beaucoup et maman était heureuse que les gens puissent penser que nous étions jumelles. Cette impression était accentuée par le fait que nous étions habillées de la même façon. Le bleu était la couleur que maman avait choisie pour nous, car elle nous avait placées sous la protection de la Vierge. Elle devait espérer un miracle. Reste qu'elle était heureuse de créer l'illusion ou de faire naître la confusion dans l'esprit des gens, qui nous confondaient et, de ce fait, ne s'apercevaient pas immédiatement du handicap de Marie. Notre mère souhaitait que nous soyons « la même ».

Cette façon de faire me déplaisait, et je ne voulais pas être assimilée à ma cadette, du fait que j'étais l'aînée et peut-être aussi à cause de la déficience physique de Marie. Je n'ai donc jamais eu la robe rouge de mes rêves. Je voulais exister seule, individuellement, pour ce que je suis. Je ne savais pas comment le faire comprendre. J'ai longtemps fait pipi au lit. Jusqu'à l'âge de dix ans. C'était une façon de dire : « Je suis là, regardez ce qui m'arrive, je ne vais pas bien, occupez-vous de moi aussi ! »

Tout était en effet tourné vers Marie. Le jour où elle avait un rendez-vous chez le médecin, nous devions, Sophie et moi, nous plier à l'emploi du temps prévu en fonction de cet événement. Nous devions être prêtes au moment du départ et suivre le mouvement, que cela nous plaise ou non. La famille ne partait jamais en vacances et le peu d'argent qu'il y avait à la maison servait à faire soigner Marie. L'ambiance à la maison était extrêmement lourde et morose. Maman était déprimée et papa très absent, occupé par son métier et ses chantiers. Il avait pris de la distance, mais n'a jamais fait le moindre reproche à maman. Il ne s'occupait de rien à la maison, cependant, il aurait fait n'importe quoi pour Marie. Il serait allé au bout de la France pour trouver un guérisseur... Il l'a fait, d'ailleurs ! Quant à maman, elle partait chaque année à Lourdes avec Marie.

Ma mère est très pratiquante, ce qui exaspère mes filles, à qui elle dit que si elles réussissent à leurs examens, c'est parce qu'elle prie pour elles ! Ce qui est curieux, c'est que je ne me souviens plus du tout de ce qui se passait quand maman partait à Lourdes avec Marie. Sophie et moi restions-nous seules avec papa ? Je ne sais plus. C'est comme si je n'avais pas eu de jeunesse sans ma sœur. Je me souviens que, parfois, à d'autres occasions, pour les vacances par exemple, j'allais chez ma grand-mère paternelle. J'étais la seule des filles à aller chez elle, et quand maman lui rendait visite avec Marie, elle disait à notre mère : « Je ne veux pas que ta fille sorte de la maison. » Elle redoutait le regard des autres et leurs commentaires au sujet de cette petite-fille handicapée. Je la sentais très hostile à ma petite sœur et faire pipi au lit était pour moi une façon de lui faire payer cette attitude.

À l'adolescence, je suis partie en pension. J'avais besoin de mettre de la distance entre l'ambiance familiale dépressive, catho... et moi. J'étais soulagée d'un poids et je me sentais beaucoup mieux. Je ne supportais plus de voir ma mère malheureuse. Je ne pouvais plus la voir prier. C'est aussi la période où Marie est partie au centre de K. Elle y suivait sa scolarité tout en faisant de la rééducation. Quand elle rentrait le week-end, mes parents accueillaient avec elle d'autres petites filles handicapées qui ne pouvaient pas revenir chez elles. Elles étaient parfois tellement atteintes que Marie paraissait presque normale. Ces gamines étaient contentes et maman expiait tout en faisant des heureuses.

Toujours pour mettre de la distance, à dix-huit ans, je suis partie à Paris faire mes études. J'ai mis plus de six semaines à revenir à la maison, prétextant le travail, la nécessité de m'installer et de prendre mes repères. En réalité, j'avais peur de ne plus être capable de retourner à Paris si je ne laissais pas passer un peu de temps. Je venais d'entrer à l'école d'infirmières. Je ne connaissais personne, personne ne me connaissait. Je n'ai donc jamais eu à parler de Marie. J'ai tourné la page, en quelque sorte, et enterré bien des choses, obsédée par l'idée d'avoir un métier. Marie a-t-elle vécu un peu la même chose ? Toujours est-il que quand elle a eu terminé sa période à K. et qu'elle est revenue à la maison, mes parents lui avaient fait construire une petite maison « rien que pour elle » au fond du jardin. Elle a refusé d'y vivre et a loué un studio. Je ne vous dis pas, à ce propos, la tête de notre mère quand elle a découvert dans ce studio une plaquette de pilules !

Aujourd'hui encore, je ne retourne pas chez moi avec plaisir. Je ne souhaite pas parler avec maman de certaines choses et n'aimerais pas qu'elle aborde ces sujets. Je n'avais pas envie que l'on remue tout cela...

et pourtant, par moments, je sens bien qu'il le faudra un jour. J'ai trouvé un équilibre entre mes enfants, mon mari, mon métier.

Je me suis mariée… Marie aussi. Maman, le jour du mariage de Marie, était enfin heureuse : sa fille était comme les autres ! J'ai personnellement éprouvé un grand soulagement. En effet, maman me disait, ce qu'elle n'a jamais dit à Sophie, notre autre sœur : « Quand je ne serai plus là, tu t'occuperas de ta sœur, n'est-ce pas ? » Ma sœur n'était plus seule au monde et, par ailleurs, ce mariage, d'une certaine façon, atténuait la part de culpabilité que j'éprouvais mais dont je n'avais jamais parlé. Ce n'est qu'il y a trois ou quatre ans que j'ai dit à mon mari : « C'est une faute ! » Il avait toujours senti la culpabilité qui m'habitait. Peut-être que j'ai choisi le métier d'infirmière pour me faire pardonner. J'ai fait mon stage à Garches, dans le service des handicapés. Il s'est assez mal passé. J'étais très appréciée des patients, bien qu'extrêmement introvertie. Je me suis jurée de ne jamais y retourner ! Finalement, toute ma carrière s'est déroulée dans des services très techniques. Je crois que je fuyais le contact intime, mais les relations que j'ai eues avec les malades ou mes collègues ont toujours été excellentes. Je n'étais pas sûre de moi, j'ai du mal à changer. Je suis restée vingt ans dans le même service… puis j'ai changé deux ou trois fois d'endroits.

C'est une période où je me suis trouvée déstabilisée, et c'est justement à ce moment-là que j'ai fait un retour sur mon enfance et cette culpabilité qui me hante. Je me suis aperçue aussi que j'avais cherché des mères de substitution parmi les cadres ou mes collègues. Cela me rassurait. J'ai toujours redouté le regard des autres… et c'est normal, puisque je suis toujours la même. Je bosse plus que tout le monde parce que je ne suis pas sûre de moi. Travailler à ce point me met à l'abri des galères, et tout cela est en relation avec la nécessité de montrer que je suis capable de faire bien et que je ne suis pas seulement « la vilaine petite fille qui fait du mal à sa petite sœur ». Je crois que j'ai voulu me racheter et que j'ai aussi toujours souhaité, sans le dire ouvertement, m'occuper d'enfants handicapés ! Je dis enfants, parce que pour moi, « handicapé », c'est toujours associé à l'enfance. D'ailleurs, lorsque j'étais petite, je disais : « J'en veux des enfants, mais j'en veux pas » (sous-entendu, des enfants handicapés). Aujourd'hui je suis en stage à Garches alors que je ne voulais absolument pas y retourner ! Ajoutons à cela que ma sœur, lorsqu'elle était petite, a été hospitalisée à Garches… C'est probablement parce que j'ai tourné une page par rapport au handicap : cela est dû à l'âge, à l'expérience, à un équilibre personnel, au fait que ma sœur soit devenue autonome. Mon beau-frère est lui-même handicapé. Marie et lui ne fréquentent que des copains dans la même situation, au point que leur fille a longtemps pensé que, comme son père ou sa mère, elle n'avait qu'un bras. Curieusement, elle veut plus tard s'occuper de handicapés. L'une de mes filles voulait aussi être dans ce secteur d'activité. Je m'y suis fermement opposée. Elle m'a obéi : elle a fait des études de sciences, puis deux années de psycho. Elle a tourné autour du pot et elle a fini par passer son concours d'éducatrice ! Et lorsqu'elle a su que je faisais mon stage à Garches et que je souhaitais y rester... elle m'a dit : « Ça y est maman, nous faisons le même métier ! » Nous avons eu pourtant tellement de conflits ! Je m'aperçois que j'ai construit mon monde comme je voulais qu'il soit, en particulier en créant une association qui parraine un orphelinat.

Le but recherché était de compenser le manque de relations avec ma mère. Elle a été une mère coupable et angoissée... Aujourd'hui, je suis moi-même une mère angoissée. Je reproduis exactement ce dont j'ai souffert. Pis : je me dis que tout va bien mais qu'il va certainement arriver quelque chose. C'est tout à fait ma mère !

Des sentiments ambivalents à apprivoiser

Penser sa culpabilité et sa honte dans le lien à l'autre pour les transformer : un enjeu majeur pour les frères et sœurs

Régine Scelles, professeur à l'université de Rouen, laboratoire PRIS clinique et société.

Pour comprendre le sens et la fonction de la culpabilité des frères et sœurs d'un enfant handicapé, il est indispensable de faire un bref rappel concernant l'impact du handicap sur les enfants. L'enfant qui grandit auprès d'un enfant atteint d'un handicap est affecté dans sa propre vie intrapsychique et intersubjective. Il n'est pas indifférent au fait que celui qui est atteint est un être de la même génération que lui, ce qui le conduit à se demander : « Pourquoi lui et pas moi ; est-ce que cela va, doit m'arriver à moi aussi, un jour ? » Pour l'enfant comme pour l'adulte, le handicap est une énigme, une blessure qui le touche profondément ; l'onde de choc qu'il génère dans la famille (tristesse, colère, révolte) provoque chez lui des interrogations qu'il doit pouvoir évoquer avec quelqu'un. Si les parents ne veulent, ne peuvent pas entendre, comprendre cela, alors l'enfant, pour ne pas les ennuyer, parce qu'il se sent coupable d'être normal, parce qu'il craint d'être impliqué dans ce malheur, apprend rapidement à se taire, puis, parfois, il finit par parvenir à oublier ses questions. Or ces interrogations, évidemment, ne disparaissent pas, mais restent enkystées, impensées dans son psychisme.

Le handicap ne fait pas naître que des questions, mais également des émotions, parfois violentes et douloureuses, chez les enfants : culpabilité, honte, dont nous parlerons plus loin, désir de mort, haine...

Surtout lorsqu'il est jeune, un enfant ne peut, sans l'aide de l'adulte, gérer psychiquement un événement traumatique qui touche un membre de sa famille et ne peut faire face seul aux questions et affects violents qui émergent alors chez lui. Hélas, les adultes, dont l'enfant aurait tant besoin à ce moment-là, sont eux-mêmes sidérés et ne se rendent pas toujours compte à quel point tous leurs enfants, même lorsqu'ils sont très jeunes, sont affectés, à leur manière, par ce qui vient d'arriver. Voyant cela, les enfants n'ont qu'un désir : consoler leurs parents, détourner leur attention du malheur, tenter de les rassurer ou encore leur faire plaisir. Tout à leur souci de « soigner » leurs parents, ils apprennent assez rapidement à cacher leur propre peine, à masquer leurs émotions, à feindre de ne pas repérer, comprendre celles de leurs proches.

Certains enfants vont tellement loin qu'ils finissent par s'oublier eux-mêmes, par ne plus avoir conscience de ressentir leurs émotions, par ne plus se rappeler leur propre vie d'enfant (Mireille ne se rappelle plus qui la gardait lorsque sa mère allait à Lourdes avec sa sœur). Ce qui fait dire à nombre de frères et sœurs d'enfants handicapés : « On m'a volé mon enfance. »

Heureusement, il est rare que les frères et sœurs renoncent totalement à comprendre et ils parviennent à s'exprimer, presque malgré eux, *via* des troubles somatiques, des comportements perturbateurs ou autres. Pour ne pas avoir à interroger directement leurs proches, ils apprennent à décoder seuls leurs regards, ils deviennent hypervigilants envers tous les indices qui les aident à saisir ce que vivent et ressentent leurs parents. Par exemple, ils interprètent, à leur manière le fait que leur mère ne paraisse plus prendre plaisir à leur raconter des histoires merveilleuses ; le fait que leurs parents ne les grondent plus pour leurs mauvaises notes ou leurs bêtises ou que, au contraire, ils les punissent, de façon tout à fait démesurée, comme s'ils devaient payer pour un autre ou qu'ils étaient plus méchants qu'ils ne pensaient l'être...

S'ils ne sont pas aidés, écoutés, il arrive que les enfants se referment sur eux-mêmes, tentant parfois, hélas, avec succès, de se convaincre qu'ils n'ont besoin de personne. Ils deviennent alors le plus sages possible, comme pour se faire oublier, ou au contraire ils se créent une difficulté scolaire, comportementale, pour obliger l'adulte à prendre en compte quelque chose de leur souffrance. Toutefois, il arrive également que ces bouleversements stimulent leur désir de comprendre, de savoir, pour mettre fin à la situation ou ne pas risquer qu'à nouveau elle se reproduise.

Pour comprendre ce qu'un enfant confronté à cette situation vit, il est indispensable de rappeler que c'est en se regardant dans les yeux de ceux qu'il aime, en particulier ses parents, qu'il donne sens aux événements et qu'il se sent exister comme sujet en lien avec les autres. S'il se voit aimable dans le regard de l'autre, il se sent aimable, s'il se croit inexistant, il se sent inexistant. Un enfant qui entend sa mère lui dire « Je ne peux rester avec toi car ta sœur est malade » pense très souvent : « Elle ne reste pas avec moi car elle ne m'aime pas, je n'ai pas d'intérêt pour elle. »

Si, à propos du handicap, ce que ses parents lui disent confirme ce qu'il lit dans leur regard, il en retire une confiance en l'adulte sur laquelle il s'appuie pour se construire. En revanche, si, par exemple, sa mère dit « Ni toi ni moi ne sommes pour quelque chose dans le fait que ton frère est paraplégique, c'est le hasard de la vie », alors qu'il perçoit que cela ne correspond pas du tout à ce qu'elle pense, l'enfant se trouve face à une alternative : reconnaître que sa mère le trompe ou se convaincre qu'il ne peut et ne doit pas faire confiance à ses propres impressions puisqu'il doit croire ce que sa mère lui dit. Dans ce dernier cas, l'enfant peut souffrir durablement d'un manque de confiance en lui, dommageable pour son devenir.

Honte et culpabilité intriquées

Le cas de Mireille et Marie est exemplaire pour ce qui est des processus qui conduisent un enfant à se sentir coupable et honteux lorsqu'il a un petit frère ou une petite sœur atteints d'un handicap. Mireille a entendu sa mère dire à « quelqu'un » que c'était en raison de sa turbulence – elle était alors âgée de trois ans – qu'elle n'avait pu suffisamment surveiller Marie, neuf mois, qui, de ce fait, avait fait une chute. Mireille a pu en retirer une mauvaise image d'elle-même (mauvaise fille, mauvaise sœur) et de sa mère (qui parle à « quelqu'un » plutôt qu'à sa fille).

Si la culpabilité est liée à une menace de castration imaginaire, la honte, elle, est liée à une menace de perte d'amour. Pour Lagache[1], la

1. Médecin et psychanalyste français (1903-1972), il est l'auteur d'importants travaux de psychanalyse et de psychologie clinique (NDE).

culpabilité serait liée au surmoi, la honte à l'idéal du moi, elle affecterait le narcissisme des sujets. Aussi honte et culpabilité sont-elles le plus souvent indissociables.

Les frères et sœurs ont souvent dans la tête des idéaux inaccessibles associés à un surmoi qui leur interdit de dire quelque chose de leur souffrance et de leurs faiblesses Ils sentent qu'ils doivent se conformer à un certain « idéal » d'enfant qui parviendrait à consoler ses parents, à compenser les manques de l'enfant handicapé. Ce décalage parfois très grand entre l'idéal que l'enfant non handicapé voudrait atteindre et celui qu'il se sent capable d'assumer est source d'une grande souffrance, de honte et de culpabilité. Parfois, la culpabilité masque le sentiment plus angoissant qu'est la honte, le recours à la culpabilité peut alors n'être qu'un moyen de se défendre contre l'effondrement narcissique (Tisseron, 1992).

La culpabilité comme défense

Confronté à quelque chose qui le dépasse, qu'il ne comprend pas, qui survient sans qu'il en ait été prévenu, l'individu tente de contrôler ce qui lui arrive, quitte quelquefois à faire en sorte que lui-même, ou un de ses proches, s'en sente responsable. C'est pourquoi parents et enfants se mettent le plus souvent implicitement d'accord pour ne pas croire au hasard et pour construire un scénario dans lequel ce qui est arrivé à l'enfant est le fruit de l'action volontaire ou involontaire de quelqu'un.

La culpabilité a un rôle structurant dans la dynamique de la construction psychique des enfants, comme le montrent, entre autres, les travaux de Mélanie Klein sur ce thème, pour peu qu'elle ne dépasse pas leurs possibilités de gestion psychique et qu'ils puissent entrevoir, en lien avec un adulte protecteur, le moyen d'accéder à un processus de réparation. Dans le cas où l'enfant se sent coupable de n'être ni un bon frère (il ne parvient pas à guérir l'enfant malade, parfois il le hait) ni un bon fils (ses parents sont tristes, jamais contents), il aura du mal à parler de sa honte et de sa culpabilité avec un adulte, et, par conséquent, il rencontrera des difficultés à trouver le moyen d'en apaiser l'intensité ou d'imaginer des réparations.

Pourquoi l'enfant se sent-il donc coupable ?

Très tôt, l'enfant apprend que le malheur, les pleurs surgissent lorsque quelqu'un a commis une faute, a fait une erreur ; en effet, c'est lorsqu'il a fait une bêtise que sa mère le gronde et paraît très fâchée. Aussi est-ce assez spontanément qu'il cherche un coupable. Le témoignage de Mireille à propos de Marie montre que la question n'est évidemment pas de savoir s'il y a eu « faute réelle », de même qu'il est clair que la parole de la mère évoquant la turbulence de Mireille comme étant à l'origine de la chute de Marie n'aurait pas eu un tel impact sur la petite fille si ces mots n'avaient pas résonné chez elle avec une culpabilité qu'elle ressentait déjà. Nous pourrions dire que ces paroles maternelles sont venues, en quelque sorte, donner un contour et un contenu à un sentiment qui était déjà présent chez l'enfant.

Dorothy Burlingham et Anna Freud[2] ont montré que la fonction protectrice de l'adulte est fondamentale lorsque l'enfant est confronté à une violence externe qui entre en résonance avec ses propres conflits internes. Ce qui est le cas des frères et sœurs, pour qui le handicap (réalité externe) sollicite des affects internes (jalousie, sentiment de révolte, angoisse de castration...). Or l'adulte qui ne prend pas conscience de la culpabilité qui habite son enfant ne peut jouer cette fonction de protection, si importante pour lui. Dans ce cas, non soutenu, face à des parents qu'il sent en grande détresse, l'enfant tente de cacher sa détresse aux yeux des autres et, plus grave, à ses propres yeux. Pour cela, il doit se conformer à un surmoi qui rend illégitime toute velléité de revendiquer le droit à être écouté et aidé. Il y renonce d'autant plus facilement qu'il y voit un moyen d'apaiser sa culpabilité.

La culpabilité pour donner sens, mettre en forme et en images l'événement traumatique

Lorsque l'adulte ne lui dit rien, pensant, par exemple, qu'il est trop jeune pour comprendre, c'est à partir de sa propre histoire, de ce qu'il a appris durant sa courte vie, que l'enfant tente, le plus souvent dans

2. Dorothy Burlingham et Anna Freud, *Enfants sans famille*, PUF, Paris, 1949.

une grande solitude, de donner sens à ce qui vient d'arriver. Ne pouvant croire à la malchance, au hasard, il a besoin de construire sa propre rationalité, toute subjective pour les autres, mais terriblement « réelle » pour lui. Ainsi, fabriquant du sens, il devient doublement acteur : acteur-constructeur d'une explication ; acteur à l'origine de ce qui est arrivé. Ce faisant, il évite d'occuper une douloureuse position de passivité.

Ainsi, la culpabilité peut être une manière de mettre de l'ordre dans le désordre et être le fruit du désir de comprendre les mystères, de résoudre les énigmes qui se posent à lui. En effet, la maladie, la tristesse, la dépression, le handicap sont parmi les énigmes les plus difficiles à résoudre pour l'enfant, en partie parce qu'il a peu de mots, une expérience moins grande et moins diverse que les adultes pour trouver et disposer d'indices qui l'aideraient. En même temps, les enfants ont une imagination débordante et jouent souplement entre les registres du fantasme, de l'imaginaire et de la réalité, au point souvent de confondre les trois.

L'enfant nourrit son désir de savoir et de comprendre de son histoire fraternelle (je n'ai pas assez aimé ma sœur, c'est pour cela qu'elle est malade ; pis, elle est malade parce que j'ai voulu qu'elle meure), de son histoire filiale (j'ai embêté ma mère, je l'ai fatiguée), de son histoire familiale (ma sœur est malade car, dans la famille de ma mère, ils sont tous alcooliques). Il s'appuie pour construire ses scénarios sur le savoir qui lui est transmis par les adultes, par ses autres frères et sœurs, ses amis, et sur les éléments qu'il glane ici et là. S'il utilise, à sa manière, les informations qu'on lui donne, il prend également celles qu'on ne voudrait pas lui donner et dont il pressent l'importance. C'est pour cela qu'il écoute derrière les portes, qu'il est attentif aux conversations téléphoniques, à celles qui ont lieu à voix basse, entre adultes, pour que les enfants n'entendent pas. Comme un détective, il cherche à accumuler les indices, en les interprétant à la lueur de ses conflits intrapsychiques et intersubjectifs du moment. Une fois ce scénario construit, s'il ne peut en parler à personne, il continue à l'alimenter, guettant tout ce qui en atteste la pertinence. L'histoire d'Alain est à cet égard très significative.

Alain a longtemps été rongé par l'idée qu'il était responsable du handicap de sa sœur car il avait eu une rougeole durant la grossesse de sa mère. Il est vrai que secrètement, à cette époque, il avait pensé que cette maladie aurait mieux fait d'atteindre le bébé et de le tuer. À vingt ans, il rit à cette idée et sait que le handicap n'a rien à voir avec cette rougeole. Toutefois, il est clair que cette culpabilité a profondément marqué son enfance et son adolescence. Ce n'est qu'adulte qu'il a pu parler de cela avec quelqu'un, dans le cadre d'une thérapie, preuve de la charge émotionnelle attachée à ce sentiment.

Lorsque le handicap, la maladie d'un frère ou d'une sœur sont perçus comme la réalisation de désirs agressifs comme « magiquement » réalisés, l'enfant peut alors se sentir triomphalement tout-puissant, mais d'une puissance potentiellement destructrice. Il peut en venir à ignorer l'existence de la réalité extérieure ou, plutôt, à penser que sa responsabilité n'est pas fonction d'actes éventuels, mais de la seule existence de ses désirs. Cette issue vers la toute-puissance permet également à l'enfant de se convaincre qu'il n'a pas besoin de l'autre. Ainsi, alors même qu'il est fragilisé, il se pose comme celui qui n'a besoin d'aucune aide.

Parfois aussi, de crainte que leurs « mauvaises » pensées ou leurs « mauvais » souhaits ne soient mis au jour, ou pis, soient à nouveau suivis d'effets dans la réalité, les enfants peuvent cesser de jouer souplement de leurs fantasmes. Ce pouvoir « maléfique » donné aux idées peut alors entraver le déploiement de la pensée et de leur intelligence.

Philippe Gutton[3] parle de « théories médicales infantiles » pour rendre compte de la manière dont, confronté à la maladie, un enfant construit des scénarios dans lesquels cette pathologie prend sens et lui permet d'occuper une position d'acteur. Comme nous venons de le dire, quelle que soit l'origine effective de la pathologie, l'enfant peut vivre cette atteinte sur le mode d'une sanction ou d'une punition. Ces élaborations fantasmatiques sont toujours plus puissantes que toutes les explications rationnelles que, de toute façon, l'enfant est souvent peu à même de comprendre. C'est pourquoi les explications rationnelles, lorsqu'elles sont données, ce qui est loin d'être toujours le cas, sont parfois impuissantes à dénouer les souffrances que génèrent ces scénarios, car, comme le souligne Moro, « la cause n'épuise pas le sens ».

À travers ces constructions imaginaires, ce sont les relations toujours problématiques que les frères et sœurs entretiennent avec le handicap

3. Philippe Gutton, « À propos d'un pubertaire de fratrie », *Adolescence*, 1993, t. II, p. 249-261.

de leur pair déficient qu'ils cherchent à représenter pour les gérer psychiquement. Lorsqu'ils ne peuvent en parler, ces scénarios continuent à les torturer et deviennent de moins en moins « avouables » au fur et à mesure que le temps passe. Le plus souvent, ce n'est qu'après une thérapie qu'ils peuvent cesser, enfin, comme le disent certains, de leur « empoisonner la vie ». Lorsqu'ils peuvent être évoqués en famille, ils perdent de leur pouvoir destructeur et cette création a le pouvoir libérateur de la symbolisation.

Lorsque ces scénarios les mettent en cause, les enfants se garderont bien d'en parler, espérant que personne ne saura combien ils sont coupables.

Identification à la culpabilité parentale

Le plus souvent, les enfants estiment que leurs parents sont coresponsables des maladies et des guérisons de leurs enfants. Normalement, les frères et sœurs font confiance à leurs parents, supposés les prévenir lorsque ce qu'ils font ou disent présente un danger pour eux-mêmes ou pour les autres. Or les membres de la fratrie qui se sentent coupables n'ont pas été prévenus, et pour cause, que ce qu'ils pensaient, disaient, faisaient, en lien avec l'enfant devenu handicapé, pouvait avoir de telles conséquences. Ils en veulent à leurs parents de ne pas les avoir avertis, protégés, et ils sont inquiets à l'idée qu'à nouveau une telle chose se reproduise. Pour éviter cela, ils cherchent, avec beaucoup de minutie, à reconstituer ce qu'ils ont pu faire, penser ou dire pour qu'un tel événement arrive. Ils ne disent rien à l'adulte de cette quête, à la fois dans une tentative pour cacher leurs fautes et également parce qu'ils se sentent trahis et ont perdu confiance en l'autre. En même temps, cette pensée étant insupportable, ils la refoulent afin de protéger, en eux, l'image d'un bon parent protecteur.

Ce doute sur la qualité des parents est encore augmenté si ces derniers, loin de leur parler de leurs émotions, de leurs questionnements, se taisent, car, dans ce cas, ce silence peut fonctionner, pour l'enfant, comme la preuve de leur culpabilité.

Si, durant l'enfance, les frères et sœurs ont la certitude qu'une « bonne famille » agit comme leurs parents le font, en revanche, en grandissant, ils mesurent mieux l'importance de la culpabilité parentale.

En particulier, ils lisent l'existence de cette culpabilité par exemple dans leur vie sociale pauvre, leurs difficultés à jouir de la vie, la manière dont ils donnent des soins à leur enfant atteint, souvent au détriment des autres membres de la fratrie.

Pour gérer l'angoisse qui naît de cette attaque des images parentales, l'enfant peut tenter, de manière fantasmatique, de prendre en lui la culpabilité parentale (ils n'ont rien fait, tout est de ma faute). C'est ainsi que sa propre culpabilité peut avoir pour fonction de masquer, d'annuler celle de ses parents, qu'il veut ainsi protéger, préserver. Une sœur de trente ans dit : « Si au moins ma mère cessait de vouloir expier une faute qu'elle n'a pas commise, je vous jure qu'elle n'allégerait pas seulement sa vie à elle, mais également la mienne. Je m'épuise à tenter de lui faire oublier sa culpabilité. »

Parfois, les enfants expriment l'étrange sentiment de ressentir une culpabilité qui ne leur appartient pas. Maud, vingt-deux ans, déclare : « C'est comme si, comme eux, je devais payer, me sacrifier pour un truc dont je ne savais rien. Comme si je faisais comme ça parce que je les voyais faire et que je pensais que c'était obligé de faire comme ça. »

Cette culpabilité peut alors structurer la vie psychique des enfants et les habiter comme si elle leur appartenait. Cela peut aller jusqu'à ce que, adulte, le frère ou la sœur se sente responsable de la faute commise par son parent. Sarah, vingt ans, explique : « Que ma mère n'ait pas fait ce qu'il fallait, je m'en veux aussi, comme si moi, petite fille de trois ans, j'y pouvais quelque chose. » Elle sait qu'elle n'y est pour rien, mais « quand même ».

Expression de l'agressivité et culpabilité

Parmi ses pairs, l'enfant trouve des adversaires à sa taille avec lesquels il peut expérimenter, sans danger, l'expression et la maîtrise de ses mouvements agressifs ; or, dans les fratries comprenant un enfant handicapé, la gestion de l'agressivité fraternelle est problématique. En effet, l'enfant handicapé est fragile, il a moins de possibilités physiques et psychiques de répondre aux attaques, il est protégé, voire surprotégé, par les adultes. Sans compter que, si à la suite d'une agression par l'un de ses camarades, de façon indépendante, son état se dégrade (crise d'épilepsie, fausse route...), alors, inévitablement, le frère agresseur établit un lien de cause à effet entre ce qu'il a fait ou voulu faire et ce qui est arrivé. De plus, attaquer un frère ou une sœur handicapés fait courir à l'enfant le risque d'être désavoué par les adultes, lesquels lui demandent souvent d'être grand et responsable (toi, tu n'as pas de problème, alors soit tolérant, ton frère ne comprend pas qu'il ne doit pas te faire cela). Il sent qu'il doit afficher son amour, sa sollicitude pour son frère, afin de rassurer ses parents qui craignent qu'il ne se révolte contre le traitement préférentiel dont son frère ou sa sœur handicapés bénéficie.

De fait, pour parer au risque de voir leur enfant handicapé rejeté de sa fratrie, les parents font tout pour que les frères et sœurs aiment et protègent leur pair handicapé. Ces derniers obtempèrent d'autant plus volontiers qu'ils y voient un moyen de conquérir l'amour parental et de réparer la faute fantasmatiquement commise. L'amour est alors « privilégié » au détriment de l'agressivité, qui paraît tellement menaçante qu'elle n'est pensée que comme pouvant être meurtrière : « Si on m'interdit à ce point toute expression de violence, c'est que c'est dangereux. » Tout cela conduit à ce que les jeux souples et structurants de l'expression de l'agressivité au sein de la fratrie soient entravés. Or l'enfant doit apprendre à exprimer son agressivité, sans que cela soit destructeur ni pour lui ni pour l'autre ; c'est ce que font les enfants qui se battent violemment et se réconcilient l'heure d'après, pour faire ensemble une bêtise.

Non exprimée, l'agressivité ne s'efface pas du psychisme, elle peut se retourner contre le sujet lui-même sous forme de masochisme pour le moi, d'un « moi à double fond », suivant l'expression d'André Green[4].

Lorsque les pulsions agressives qui habitent l'enfant dépassent ses capacités à les gérer, c'est la capacité de rêverie des adultes, et surtout celle des parents, qui lui permet de les contenir et de les transformer, de telle sorte qu'elles lui paraissent moins menaçantes. Ainsi, la fonction interprétative-transformatrice de la pensée de l'adulte rend inoffensives les pulsions de mort en les contenant, en s'y opposant ou en les dirigeant vers des objets plus adéquats du monde extérieur[5]. Ce qui ne peut se faire si la fonction de protection des parents est mise en défaut,

---

4. André Green, *Le Travail du négatif*, Éditions de Minuit, Paris, 1993, p. 192.

5. Cf. les travaux de Wilfred R. Bion.

soit parce qu'ils sont psychiquement indisponibles pour saisir ce que vit leur enfant, soit parce que les pulsions agressives de leur enfant résonnent de telle manière avec les leurs qu'ils ne parviennent pas, eux-mêmes, à les penser.

Les frères et sœurs peuvent également transformer leur agressivité en son contraire : la sollicitude. Ils font alors rire, soignent, éduquent leur pair déficient comme ils aimeraient être eux-mêmes maternés et éduqués. Ensuite, s'identifiant à celui qu'ils aident, ils soignent leurs blessures qui naissent de leur sentiment de n'intéresser vraiment personne. C'est ce désir qui est à l'origine de maintes vocations médicales et éducatives des frères et sœurs[6].

Sous couvert de soins à l'enfant atteint, ou de sollicitude vis-à-vis de leurs parents, les enfants expriment, également, une partie de l'agressivité qui les anime. En effet, certains, en faisant « travailler » intellectuellement ou physiquement leur pair déficient, mettent ostensiblement en avant ses incompétences et le maintiennent dans une position non fraternelle mais plutôt filiale. Les frères et sœurs qui s'occupent ainsi de l'autre finissent par se convaincre qu'ils n'ont pas besoin d'aide. Si ces enfants, souvent admirés parce que « gentils » et « serviables », ne paraissent pas souffrir, le prix payé pour cet altruisme compensateur peut être lourd.

Honte

La honte des frères et sœurs est liée à leur histoire sociale, familiale et fraternelle, et à leur dynamique psychique ; elle met en cause leur processus d'individuation (en quoi je suis différent de mon frère handicapé ?) et leur narcissisme (suis-je à la hauteur de ce que les adultes attendent de moi, de ce que je voudrais être ?). Les enfants confrontés à un pair atteint d'un handicap peuvent avoir « honte de ressentir de la honte », avoir « honte de leur frère ou de leur sœur », vécus comme séparés d'eux-mêmes, ou encore, dans un mouvement d'identification à leur pair handicapé, ils ont « honte pour ce dernier, comme si c'était eux qui étaient honteux ». Tous ces

6. Cf. les travaux de Régine Scelles.

sentiments peuvent émerger en même temps, ou à différents moments de leur vie.

La honte signe la rupture d'un lien social et ne peut être combattue par la seule mise en place de la réparation. Elle peut mettre le sujet dans une telle souffrance qu'il se sent dans l'incapacité d'entrevoir la façon dont il lui serait possible de modifier la situation et le déroulement de son cours. Elle peut s'accompagner d'un sentiment de perte de contrôle de soi et de la tentation vaine de cacher cette faiblesse.

La honte dont parlent les frères et sœurs a deux « sources ». La première tient à la façon dont la société, dont les autres perçoivent les personnes ayant un handicap. La seconde, intrapsychique, est liée au fait que les enfants de fratries comprenant un enfant porteur de handicap ont des difficultés à trouver le lien, la juste distance, le degré de séparation qui existent ou devraient exister entre eux et leur pair atteint d'une déficience.

Serge Tisseron précise :

> La seconde spécificité concerne le fait que la honte, à la différence de l'angoisse, met en valeur l'appartenance non pas à une personne, mais à un groupe, à une famille, à une nation ou à une classe. C'est de ce groupe que le sujet honteux s'angoisse d'être écarté [...] Cette particularité de la honte d'être une « angoisse sociale » a également, pour conséquence que chacun peut la ressentir pour des actes commis par des membres de sa famille ou de son groupe autant que pour des actes commis par lui-même[7].

Les frères et sœurs évoquent des situations où ils ont honte de leur frère, qui, parlant mal et ne comprenant rien, se ridiculise aux yeux de tous. Ils ont parfois honte pour lui quand son comportement inadapté à la situation déclenche le rire et les moqueries des autres. Enfin, ils ont souvent honte de ressentir cette honte vis-à-vis d'un membre de la famille.

Lire la gêne dans le regard des autres provoque parfois chez eux un véritable traumatisme. Certains rapportent des scènes restées dans leur mémoire où, dans un mouvement d'identification aux autres, ils ont dû cesser de se mentir. Marthe, trente ans, raconte :

---

7. Serge Tisseron, *La Honte : psychanalyse d'un lien social*, Dunod, Paris, 1992, p. 27-28.

> Lorsque j'ai vu la dame du guichet faire une grimace face à mon frère qui bavait, j'ai compris que j'aurais voulu, moi aussi, faire une grimace mais que, parce que c'était mon frère, non seulement je n'avais pas le droit de le faire, mais je devais toute ma vie avoir honte de ma honte.

Lorsqu'un frère handicapé a un comportement inconvenant, cela place ses frères et sœurs face à une alternative : privilégier les liens qui les unissent au sujet honteux et, dans ce cas, par « contagion », devenir honteux eux-mêmes ; ou prendre de la distance par rapport à leur pair déficient et risquer alors de le juger, voire de le rejeter, comme le font les « étrangers », et souffrir d'avoir rompu avec la solidarité familiale.

Les enfants s'identifient également à la honte ressentie par les parents, même si ces derniers cherchent à la leur masquer.

Pour que cette honte n'entrave pas trop sa vie familiale et sociale, il est important que l'enfant puisse en parler à un interlocuteur, car le fait d'évoquer ce sentiment avec des tiers peut lui permettre de transformer psychiquement cet affect.

Du double à la différenciation

Il est impossible de comprendre la honte et la culpabilité ressenties par les frères et sœurs sans rappeler qu'un enfant se construit dans des mouvements d'identification-différenciation avec ses pairs. En effet, si la différenciation parent-bébé n'est pas donnée mais construite (un bébé, cela n'existe pas, à moins qu'on y ajoute sa mère, disait Winnicott), il en est de même pour la différenciation entre enfants. L'observation d'enfants en groupe permet de saisir le fonctionnement de ce processus d'identification-séparation.

Prenons l'exemple de l'enfant de moins de trois ans qui pleure parce qu'il a poussé son ami ; dans un premier temps, il pensera que c'est lui qui est tombé. En effet, se souvenant de ses sensations lors de l'une de ses chutes passées et se confondant avec l'autre, il pleurera pour lui, avec lui, comme lui, dans un moment de confusion soi-autre. Ce processus qui conduit un enfant à avoir la certitude de vivre ce que l'autre vit en s'étayant sur ce que lui-même a vécu est fondamental dans la construction du lien social. En effet, que serait un humain qui, voyant l'autre pleurer, ne pourrait pas se représenter ce qu'il ressent et, donc, ne pourrait, dans un mouvement d'empathie, le consoler comme il aurait aimé l'être dans une telle situation ?

Toutefois, l'enfant expérimente le fait que, dans son corps, lorsque l'autre tombe, lui-même ne sent rien. C'est ainsi qu'il parvient à se représenter ce que l'autre vit tout en le différenciant de ce que lui-même vit ; il acquiert ainsi le sentiment de sa propre identité, liée à celle de l'autre et séparée de lui.

Lorsque leur écart d'âge est faible (moins de trois ans), l'enfant peut se confondre avec son frère, ils ne sont alors ni séparés ni différenciés, et il arrive que cet étrange sentiment de confusion identitaire se poursuive tout au long de la vie et conduise l'enfant à vivre l'un des membres de sa fratrie comme étant un double, le collant ou l'habitant : « Lorsque je parle, j'ai l'impression que c'est mon frère qui parle en moi. » Si, au moment où son frère ou sa sœur a un accident ou tombe malade, l'enfant est encore mal différencié de celui qui est atteint, il pourra ne pas savoir si c'est lui ou si c'est l'autre qui est malade ; ainsi, la maladie, l'atteinte de l'autre est un peu la sienne. Cette situation peut perdurer si les deux enfants ne peuvent jouer ensemble des mouvements d'identification-différenciation, rivalité-complicité de façon souple.

Cette difficulté de différenciation perdure d'autant plus longtemps que, comme dans le cas de Mireille, plus ou moins consciemment, les adultes entretiennent cette confusion soi-autre, par exemple en habillant de la même manière leurs enfants. Cette attitude est probablement alimentée par le fantasme que la normalité de l'un pourrait profiter à l'autre.

Une enfant de douze ans affirme : « Je dois être intelligente pour deux », et une autre : « J'étais valorisée par mes parents, mais c'est parce que ma sœur, elle, était handicapée ; je n'avais pas de mal à être bien, je rattrapais les choses. Quand j'ai voulu partir, pour eux c'est comme si j'enlevais la petite part de normalité qui existait dans la fratrie, il ne restait plus que le handicap. »

Comment, dans ces conditions, faire valoir sa propre singularité liée et séparée de celle de l'autre sans se sentir coupable vis-à-vis de l'autre ? « Si ma sœur part, c'est une partie de moi qui s'arrache », reconnaît une sœur de vingt-quatre ans. Un frère, hésitant à prendre un travail loin de chez ses parents, se demande : « Comment laisser seuls mes parents avec mon frère handicapé ? »

Cette même difficulté se traduit parfois par une coupure radicale entre enfants. Le frère handicapé devient alors un étranger, un inconnu, celui que l'on fuit. Autrement dit, pour ne pas risquer d'être vampirisé, habité par l'autre, mieux vaut s'en éloigner dans la réalité.

Trop semblable ou trop différent, la question est toujours celle de la distance à construire progressivement entre soi et l'autre, et, dans ce processus, la fratrie joue un rôle central largement sous-estimé. En effet, la clinique de la fratrie montre que, faute de parvenir à mener à bien, au sein du groupe fraternel, ces processus d'identification et de séparation, l'enfant risque de ne jamais vraiment savoir ce qu'il est et ce qu'est l'autre, restant dans une confusion d'identité parfois source d'intense angoisse.

Destins de la culpabilité et de la honte

Lorsque l'enfant fait quelque chose de « mal », il n'a pas tant peur d'être puni que de perdre l'amour et l'estime de ceux qu'il aime. Aussi adhère-t-il aux valeurs familiales, sociales et culturelles de ses proches pour ne pas risquer d'être rejeté et désinvesti. Cette observance s'accompagne d'une satisfaction narcissique et d'une augmentation de l'estime de soi. La honte apparaît chaque fois que le comportement est contraire à l'image qu'on aurait voulu donner de soi.

Le manque d'estime de soi des enfants lié à leur culpabilité peut se manifester par leur désir de ne pas être aidés, de ne pas être récompensés par des cadeaux, de vouloir tout donner à l'autre. Cet altruisme fonctionne comme une punition que l'enfant s'inflige à lui-même.

Si la réparation vise à lutter contre le sentiment de culpabilité, la sollicitude extrême, les tendances autodestructrices, la fuite, la dépression, les attitudes de dénégation ou réparatrices peuvent apaiser, masquer tant la souffrance issue du sentiment de culpabilité que celle issue du sentiment de honte.

Si l'enfant tente de cacher son sentiment de culpabilité, néanmoins, un adulte attentif peut être alerté lorsqu'il semble triste, anxieux, inhibé scolairement, qu'il se met en danger ou encore s'arrange pour se faire punir sans arrêt. C'est en s'appuyant sur ces signes que l'adulte pourra soutenir l'enfant dans ses capacités à évoquer le sens qu'a pris le handicap pour lui et la manière dont il se sent impliqué dans sa survenue.

Un enfant de dix ans venait d'avoir son troisième accident. Lorsque nous avons parlé avec lui de cette répétition, il a répondu : « C'est normal, tout est de ma faute. » « Tout » était en fait l'encéphalite contractée par sa sœur à l'âge de huit ans, alors que lui-même en avait six. Il y avait eu des cas de varicelle à l'école peu avant, et il avait prié pour ne pas l'attraper ; il avait également demandé que, dans le cas où un membre de la famille devrait être atteint, cette maladie touche plutôt sa sœur. Il était persuadé que son désir s'était réalisé et il ne savait pas comment se punir, si ce n'est en ayant des « accidents » qui, parce qu'ils étaient « accidentels », évitaient que ses parents sachent qu'il était coupable. En même temps qu'il se sentait coupable, il en voulait à sa sœur de s'être laissé faire aussi facilement ; en fait, il considérait qu'ainsi elle s'était vengée de lui et avait cherché à monopoliser l'attention paternelle parce qu'elle était jalouse de la préférence affichée de son père pour lui.

Seul, cet enfant ne pouvait parvenir à différencier le fantasme de la réalité, la pensée de l'action. Se sentant en danger, il est parvenu, via ses accidents, à alerter ses parents, malgré lui. Lors de la consultation psychologique qui a suivi le troisième accident, l'enfant fut surpris de voir ses parents pleins de sollicitude envers lui. Non seulement ils ne lui en voulaient pas de son manque d'attention vis-à-vis de sa sœur, mais ils lui affirmèrent qu'il n'était pour rien dans ce qui était arrivé à leur fille. Ce dialogue a permis que leur fils leur parle, enfin, de la manière dont le handicap l'affectait, ce qui l'a aidé, par la suite, à mieux supporter les conséquences de cet événement sur l'ensemble de la vie familiale.

Parler dans le cadre d'un lien à l'autre a permis à cet enfant de vivre plus facilement la complexité et l'ambivalence des sentiments et des émotions qui l'habitaient : il était fier de grandir normalement et, en même temps, il se sentait coupable de ressentir cette fierté ; il aurait voulu guérir sa sœur et, en même temps, il aurait voulu qu'elle meure pour que la famille redevienne comme « avant » ou « comme les autres » ; il se révoltait contre les avantages que sa sœur retirait de son handicap et se sentait coupable de ressentir de tels sentiments.

Selon les périodes, chez les frères et sœurs, c'est la fierté ou la culpabilité qui domine. Durant les périodes où la culpabilité l'emporte, les risques que surviennent des conduites auto ou hétéro-agressives sont majeurs. Si ces symptômes ne sont pas référés aux conflits qui en sont à l'origine, l'enfant, l'adolescent ou l'adulte risque fort de ne jamais pouvoir apaiser ce sentiment douloureux, qui aura des effets pathogènes sur sa vie familiale et sociale.

En proie à la crainte d'être pour quelque chose dans la tristesse de leurs parents et le handicap de leur pair, les enfants n'ont pas seulement besoin d'être assurés de leur non-responsabilité dans l'émergence et l'évolution de la pathologie de celui-ci, encore que ce soit important de le faire, mais ils doivent recevoir un soutien narcissique, une aide qui vise à rétablir leur sentiment d'existence et de leur valeur. C'est à cette condition que ces deux sentiments pourront être gérés souplement et ne pas entraver l'épanouissement de la vie affective et sociale des frères et sœurs.

Régine Scelles

Bibliographie

Wilfred R. Bion, *Aux sources de l'expérience*, PUF, Paris, 1979.

Philippe Gutton, « Réflexions sur le déni à l'occasion d'observations pédiatriques », *Bulletin de psychologie*, 1975, n° 38, p. 665-668.

Mélanie Klein, *Envie et gratitude*, Gallimard, Paris, 1968.

Régine Scelles, « Le sens du choix d'une profession médico-sociale pour les frères et sœurs de personne porteuse d'un handicap », *Revue francophone de la déficience mentale*, 1997, vol. 8, p. 103-113.

Régine Scelles, « Les frères et les sœurs et la non-annonce du handicap », *Pratiques psychologiques*, 1998, n° 2, p. 83-91.

Régine Scelles, « Jalousie, gestion de l'agressivité dans les fratries comprenant une personne porteuse d'un handicap », in J.-L. Chapelier et G. Zribi (dir.), *Penser le handicap*, ENSP, 2003.

Régine Scelles, « Repérer les moments où les frères et sœurs parlent avec leur corps pour dire l'indicible et l'impensable », in Oppenheim-Gluckman (dir.), *Expérience subjective du handicap somatique*, CTNERHI, 2003.

Serge Tisseron, *La Honte. Psychanalyse d'un lien social*, Dunod, Paris, 1992.

Donald W. Winnicott, *De la pédiatrie à la psychanalyse*, Payot, Paris, 1989.

Danièle et Patrick

Le père de Danièle est né en 1924, au nord-est de l'Italie, à Sacile. Arrivé à l'âge de sept ans en France, il a par la suite opté pour la nationalité française. La maman de Danièle, d'origine girondine, est née en 1927. Les parents de Danièle ont eu quatre enfants : Raymonde, née en 1950, Alain, en 1953, Patrick, en 1960, et enfin Danièle, la cadette, en 1963.

Les petits derniers de la fratrie, dont la différence d'âge avec les aînés est importante, s'élèvent ensemble et forment un duo, d'autant que Patrick est sourd. Ils sont jeunes adolescents lorsque leurs parents se séparent, en 1974.

Je ne dirais pas que Patrick est handicapé. Je préférerais dire qu'il a des handicaps et je serais heureuse que tous les handicapés puissent se débrouiller comme lui. Il est né avec une déviation palatine, plus connue sous le nom de « bec-de-lièvre ». Si, aujourd'hui, les chirurgiens opèrent couramment ce genre de malformation, en 1960, on le faisait déjà, mais avec moins de facilité.

Patrick a donc été opéré une première fois, tout de suite après sa naissance. Il a subi des interventions destinées à corriger la malformation elle-même et d'autres, plus tard, de chirurgie esthétique. Son arrière-gorge n'a pas pu être refaite dès la première opération. Il multipliait rhumes et otites. Son conduit auditif a été fragilisé par ces infections à répétition et, alors qu'il était tout bébé, à la suite d'une otite mal soignée, Patrick est devenu sourd. C'était un enfant très fragile. Maman s'en est énormément occupée. Elle l'avait toujours dans les bras, le rassurait et répondait à toutes les demandes qu'il ne pouvait formuler clairement. Elle l'a tellement porté qu'elle a dû rester allongée deux mois durant, alors qu'elle était enceinte de moi. Je suis, malgré tout, née avec un mois d'avance. Quand un de mes oncles m'a vue, à la maternité, il s'est écrié : « Un ange. » J'étais fraîche et rose, et surtout, contrairement à ce qu'ils redoutaient tous sans le dire, je n'avais pas de malformation !

Mon père est un authentique Italien, avec tous les défauts et toutes les qualités qu'on leur connaît. Il est droit, travailleur, prêt à défendre la veuve et l'orphelin... mais aussi séducteur, fier et, disons-le, parfois orgueilleux. La naissance de mon frère aurait pu mettre à mal son amour-propre. Il n'en fut rien et notre père ne fit jamais aucune différence entre Patrick et ses autres enfants. Pour tout dire, il ne s'est pas occupé de Patrick plus que de nous. Reste que mon père a sans doute partagé plus de choses avec les aînés car, quand ils étaient petits, il ne travaillait pas encore à son compte et disposait de plus de temps. Par ailleurs, on peut faire plus de choses avec deux enfants qu'avec quatre ! Lorsque mon père a été papa dans son nouveau couple, alors que nous ne le voyions plus depuis plusieurs années, il a tenté de parler à Patrick, un dimanche matin sur le chemin de l'église... Avait-il véritablement l'intention d'en parler à Patrick en premier ou était-ce parce qu'il était celui des enfants du premier lit qu'il rencontrait ce jour-là ? Nous ne le savons pas. Toujours est-il que Patrick ne s'est pas laissé approcher !

Patrick et moi avons une grande différence d'âge avec nos aînés, alors que seulement trois ans nous séparent l'un de l'autre. Nous avons donc été élevés ensemble d'autant que, lorsque je suis née, Patrick était déjà sourd et avait beaucoup de retard. Il ne parlait pas. Nous avons appris ensemble. J'étais déjà très bavarde et je l'ai poussé à parler... J'étais extrêmement vivante et je faisais avec lui comme avec les autres. Mon autre frère et ma sœur étant plus âgés, Patrick était mon principal interlocuteur et partenaire de jeux. Je l'interpellais, le bousculais, le sollicitais, lui parlais sans me rendre compte de son handicap, et cela lui a sans doute fait du bien et l'a certainement stimulé. Je n'ai compris que Patrick était différent des autres qu'en accompagnant maman lorsqu'elle le conduisait chez l'orthophoniste. Ce devait être avant que j'aille à la maternelle. Je nous vois encore dans la salle d'attente. Il y avait un mur avec des cubes transparents et j'apercevais mon frère en ombres chinoises. Patrick, à ce propos, a appris en parallèle le langage des sourds.

Je me souviens de la tristesse qui se lisait dans ses yeux lorsque maman lui mettait son appareil auditif. Celui-ci était relié à un boîtier qu'il glissait dans une pochette que notre mère lui avait fabriquée. C'était la matérialisation de son handicap. Il y avait aussi ce bec-de-lièvre dont on voyait encore les traces et qui faisait qu'il parlait beaucoup du nez.

Patrick était solitaire. La nature même de son handicap l'a beaucoup isolé. Je pense que, souvent, je l'ai dérangé dans sa solitude. Il lisait énormément et j'ai souvent interrompu sa rêverie. Plusieurs fois, Patrick a voulu me faire taire. Une fois, j'ai reçu un pot de confiture sur la tête, une autre une chaussure dans le cou. Il a même manqué m'étrangler. Heureusement, notre mère est arrivée au bon moment. Patrick ne mesurait pas sa force du fait de son handicap. Quand nous étions à l'école, j'avais un œil sur lui quand il se battait. Mais j'ai été très fière le jour où, alors que j'étais en dernière année de maternelle, lui et ses copains sont venus me défendre. Ils ont fait mettre un de leurs camarades à genoux pour qu'il me demande pardon pour ce qu'il m'avait fait. Je ne sais d'ailleurs plus très bien aujourd'hui ce qui s'était passé. Il leur arrivait de se moquer de Patrick mais ils ont toujours été très présents et ne l'ont jamais laissé tomber lorsqu'il a eu besoin d'eux. Au fond, ils l'aimaient bien.

Je ne supportais pas que l'on puisse rire de mon frère. Il lui arrivait d'avoir du mal à comprendre ou, en sens inverse, de ne pas être compris. Je souffrais pour lui. J'étais très énervée quand il ne comprenait pas. Il fallait qu'il comprenne.

La solitude de Patrick a atteint son paroxysme en 1978. Plusieurs événements l'avaient perturbé : mon père était parti en 1974, cela avait changé notre vie affective et matérielle – à un âge où le rôle du père auprès de ses enfants est primordial pour leur bon développement (Patrick allait avoir quatorze ans et moi onze) notre père nous plaquait... ; j'avais réussi mon BEPC, Patrick venait de rater son CAP de peu ; notre maison avait été vendue aux enchères sous nos yeux (et ce n'est pas qu'une image : la vente s'est faite dans le garage au sous-sol et nous nous étions couchés au sol, à l'étage. Nous cherchions à apercevoir ce qui se passait à travers une mince fente dans le plancher du couloir qui menait aux chambres pour tenter de comprendre) ; notre grande sœur venait de partir pour prendre un appartement en ville et, Alain, notre frère aîné, nous avait annoncé son mariage tout proche.

Le matin où nous allions faire la connaissance de notre future belle-sœur, alors que je préparais le petit déjeuner pour mes frères et moi-même (maman était partie travailler), Patrick s'est mis à tenir des propos incohérents. Il ne se souvenait plus de nous. Il était devenu amnésique ! Il nous a expliqué qu'il avait soixante-douze ans, que notre mère était la femme de ménage et qu'il était très inquiet parce qu'il n'avait que quatre fiches de paie ! Il ne se rappelait que de Raymonde, une voisine de son âge, et d'une autre personne qui faisait partie des amis de la famille. Aussi, par la suite, nous leur avons demandé de passer de temps en temps. Son regard était absent et ses yeux vitreux. Il prenait des bains à tout moment, se lavait les mains sans cesse et ne faisait plus la différence entre le jour et la nuit. Nous étions très inquiets. Maman a dû s'arrêter de travailler pour rester auprès de lui. Patrick se séparait de morceaux de son passé. Il a donné tous ses disques, a perdu une collection de timbres et ne savait plus très bien ce qu'il faisait. Après qu'il eut vu des médecins et une femme qui l'a beaucoup aidé, il a peu à peu repris ses esprits et oublié cette période.

Cette période fut d'autant plus douloureuse que Patrick et moi étions inséparables. Nous avons toujours tout partagé. Il fallait toujours nous donner exactement la même chose, sinon la jalousie nous faisait nous fâcher ; pas très longtemps, bien sûr. Le souvenir le plus comique que j'en ai, c'est le nombre de fraises que l'on nous servait : pas une de plus, pas une de moins l'un par rapport à l'autre, et surtout trois grosses pour l'un, trois grosses pour l'autre. Notre attachement et notre complicité sont comparables à ceux que pourraient avoir des jumeaux l'un pour l'autre : les développements de l'un et de l'autre ont été longtemps associés, et notre relation très forte.

Maman nous surnommait « Pimprenelle et Nicolas » ou encore « les lions ». Nous jouions beaucoup : Patrick était très fort pour inventer des histoires avec notre jeu de cartes des sept familles. Il y avait les « Texas », les « Lapons »... Le parc se transformait en pays. Nous nous amusions aussi avec des capsules de bouteilles. Nous n'en manquions pas car notre grand-mère tenait un café à la campagne. Le Tour de France était aussi le prétexte à jouer autour de la grande table du jardin où nous passions nos vacances avec maman. Je suivais Patrick, je l'écoutais et je faisais tout comme lui ; nous avons appris très tôt la belote, le rami, le nain jaune... on y passait des heures entières. Si je gagnais, tout allait bien, sinon je râlais et je jetais mes cartes en l'air... alors les disputes repartaient.

Je me souviens aussi m'être retenue à l'école dans l'apprentissage de matières ou dans la suprématie que j'aurais pu avoir dans certains domaines. Mon frère était extrêmement bon élève en français ; ses résultats le mettaient en valeur. Eh bien, j'ai « choisi » inconsciemment d'être une bonne élève en maths ! Cela ne me dérangeait pas que l'on me dise « Ton frère, lui, au moins... » Bien au contraire ! Il fallait qu'il ait ses domaines d'excellence. En revanche, j'ai souffert d'être associée aux remontrances qui lui étaient destinées. Comme il était très sensible et que personne ne voulait le blesser, nous nous faisions réprimander tous les deux, cela apaisait la situation. Mais lorsque je faisais une bêtise, j'étais bien la seule à me faire gronder ; enfin, c'est ce que j'ai très longtemps ressenti. Peut-être a-t-il joué de son handicap ? Peut-être a-t-il parfois fait mine de ne pas comprendre ? Je ne peux pas l'affirmer. En effet, sa capacité à entendre dépend de la nature des sons ou de l'environnement : le sol, par exemple, vibre plus ou moins. Par ailleurs, Patrick était sûr de ce qu'il disait. Il le soutenait absolument ! Cela est sans doute dû à son handicap, mais aussi à son côté italien ! Il est conscient de ses limites et sait se montrer responsable. Il a fait le choix de ne pas conduire car il considère que sa surdité peut mettre en danger les autres.

Patrick est un bosseur. Il est sérieux et honnête. Nous avons tous été élevés dans cet esprit-là. Nous sommes, là aussi, bien frères et sœurs.

Patrick est « smicard ». Malgré tout, il a réussi à s'acheter une maison. Maman habite chez lui et il n'est pas question de dire qu'il habite avec sa mère. Il l'héberge. Elle l'a toujours protégé, mais elle ne l'a pas inhibé. Il a disposé de la même indépendance que nous. Au début, maman était très heureuse d'habiter avec lui, mais elle s'est aperçue qu'il avait toutes les qualités mais aussi tous les défauts des célibataires. En habitant avec lui, elle est rassurée sur certains points de sa vie quotidienne : elle sait par exemple qu'il va manger correctement... Il lui fait ses courses, elle s'occupe de son linge, mais certaines fois sans doute aimerait-elle être chez elle et lui préférerait-il être tout seul !

Ils vivent la suite logique de leur relation. Nous savons que quand maman disparaîtra, il saura se débrouiller tout seul ; il ne pèsera pas sur notre vie. Il ne le voudrait pas. Il travaille depuis plus de vingt ans dans la même usine, il est complètement intégré et même très apprécié de certaines personnes. Il a quelques amis qui ne l'oublient pas et qui lui envoient des cartes postales. Patrick a fait des voyages magnifiques et rapporte toujours des cadeaux auxquels on ne pense pas. Il adore ses neveux et nièces.

Patrick est très croyant. Il a même été pratiquant au point d'aller deux fois à la messe un certain dimanche. Ce jour-là, mon père lui a donné un beau coup de pied aux fesses... Avec du recul, c'était comique, mais sur le coup, je n'osais plus bouger, on avait tous eu très peur pour lui... On l'avait cherché partout, il était censé rentrer après la messe.

Patrick m'adore. Pour lui, je suis *sa* sœur, celle qui le comprend, même si nous ne sommes pas toujours d'accord. Il m'arrive encore d'essayer de le convaincre comme lorsque nous étions petits. Je hausse le ton pour qu'il comprenne. Je suis certaine qu'il se trompe, qu'il fait une erreur et puis... je me calme et je pense qu'après tout, il a bien le droit d'avoir son avis.

Cohabitation à l'école : point de vue sur les classes mixtes

Danièle Servoir est directrice d'une petite école en milieu rural. Elle partage avec un collègue deux classes à cours multiples qui comprennent tous les niveaux, de l'apprentissage de l'écriture et de la lecture jusqu'à l'entrée au collège. Il leur est arrivé d'accueillir des enfants handicapés ou déficients et leurs frères ou sœurs. Danièle est aussi la mère d'un fils unique, un jeune trisomique de dix-neuf ans.

Je suis professeur des écoles. Je sais ce que l'école peut apporter aux enfants en dehors même de l'enseignement qui y est donné. J'ai par exemple souhaité que Hugues, mon fils trisomique, puisse connaître la vie en collectivité avec d'autres enfants, autant que cela serait possible. Il a été très bien accueilli à l'école maternelle et y est resté jusqu'à ses sept ans. Cela m'a permis de comprendre l'importance de cette étape pour l'enfant « différent » comme pour sa famille. L'annonce du handicap d'un enfant équivaut à voir le monde s'écrouler autour de soi. Tout à coup, la vie bascule dans le doute, l'angoisse, et l'avenir dont on avait rêvé pour l'enfant attendu et porteur de tant d'espoirs ne se dessine plus comme on pouvait le croire.

L'équipe qui, à l'école, accepte un enfant handicapé, redonne un peu de courage aux parents. Au-delà d'avoir intégré la notion même de handicap et de ce que cela induit au sens large, ils en souffrent chaque jour, à chaque instant, dans la réalité pratique qu'impose la déficience mentale ou physique. Ces parents ont besoin de voir que leur enfant peut vivre dans un milieu ordinaire et qu'il progresse, même si son rythme est plus lent ou différent de celui des autres petits.

L'enfant handicapé peut être accepté sous certaines conditions. Malheureusement, celles-ci ne sont pas toujours réunies. Tout cela n'est possible que pour certains handicaps et surtout lorsque l'équipe éducative est motivée pour s'investir et réussir cette intégration. Sachant que nous, enseignants, n'avons que très rarement des aides à l'intégration, les enfants handicapés sont trop peu nombreux à être acceptés dans les écoles. Nous venons d'intégrer un enfant autiste de cinq ans. Nous avons dû modifier son contrat d'intégration[1] deux fois, car au fur et à mesure que l'enfant évoluait, sa vie à l'école posait problème. Cet enfant est très tonique et se sent tout à fait à l'aise dans la classe. L'enseignant ayant d'autres enfants à sa charge, il lui devenait difficile de faire face à la fois à l'hyperactivité de l'enfant autiste et au reste de sa classe. Aujourd'hui, cet enfant ne vient plus que deux heures par semaine. Cela peut paraître ridicule, mais pour lui c'est important, et pour les autres élèves aussi. Il ne leur manque pas quand il n'est pas là, mais ils vivent bien sa présence lorsqu'il est parmi eux. Nous poursuivrons le plus longtemps possible cette tentative d'intégration tout en sachant que cet enfant met en difficulté notre petite structure : l'école n'est pas aménagée, l'auxiliaire de vie destiné à aider l'enseignant n'a jamais été nommé...

À ce propos, notre ministère nous demande d'intégrer des enfants handicapés, mais les jeunes professeurs n'ont pratiquement aucune formation, ni théorique ni pratique. Les enseignants qui font le choix d'accepter des handicapés dans leur classe ne sont ni aidés ni soutenus. Les auxiliaires de vie ne sont souvent nommés que pour l'intégration de handicapés physiques, pas pour ceux qui ont des déficiences mentales. L'intégration d'un enfant handicapé est une surcharge de travail car, en dehors de la classe, des réunions doivent être organisées pour rencontrer les professionnels qui s'occupent de l'enfant dans les autres structures de prise en charge ; des dossiers d'évaluation et de synthèse très lourds doivent être rédigés.

Cependant, au-delà de ces considérations d'organisation et d'accompagnement, le jeune handicapé doit pouvoir retirer un bénéfice de la fréquentation d'une classe et d'autres enfants. C'est plus facile en

1. Entre les parents, l'institution scolaire et les autres structures de soins qui accueillent l'enfant pendant le temps scolaire.

maternelle où se font les acquisitions axées sur la sociabilisation et l'autonomie. Dans les classes qui suivent, ce n'est pas la même chose. On entre dans l'acquisition des savoirs.

Aller à l'école ne doit pas être pour l'enfant handicapé une épreuve ni une souffrance supplémentaire. Il faut donc voir quel est son intérêt à être scolarisé, ce qu'il peut en retirer dans l'immédiat ou pour plus tard, et s'il est apte. Cela dépend beaucoup de son handicap, mais aussi des autres enfants, de leurs parents, ainsi que de ses frères et sœurs scolarisés avec lui.

Les camarades d'école du jeune handicapé doivent être prêts à accepter un enfant différent. Pour ce faire, les enseignants ont un gros travail de communication et d'information à fournir : ils doivent expliquer le handicap de l'enfant au reste de la classe, et surtout insister pour que l'enfant déficient ait sa place, mais pas toute la place. Il est nécessaire d'apprendre aux enfants que le petit handicapé est un enfant, qu'ils doivent le respecter, mais ne pas tout accepter. Ils doivent eux aussi exprimer leurs inquiétudes, leurs incompréhensions. C'est indispensable pour pouvoir partager des émotions.

Quant aux familles des autres enfants, elles ne sont pas toujours très conciliantes ni prêtes à accepter qu'un enfant handicapé côtoie leur propre enfant. Cela vient souvent d'une méconnaissance du problème. Parfois, les enseignants subissent une pression des parents pour que le jeune handicapé soit exclu de l'école. Fort heureusement, ce n'est pas la règle ! Je n'ai par exemple jamais ressenti ni méfiance ni mépris vis-à-vis de mon fils Hugues. J'ai toujours fait partie des associations de parents d'élèves. Mon mari et moi avions pour habitude de beaucoup parler avec tous ceux qui cherchaient à comprendre. En dehors des réticences que l'on peut rencontrer, toutes les fois où les familles ont accepté l'idée que leur enfant fréquente un petit handicapé à l'école, des contacts se sont établis et cela a toujours été un soutien efficace pour les proches de l'enfant handicapé. Mais, de leur côté, ces derniers doivent accepter le regard, le jugement, la compassion, et surtout ne jamais se croire victimes. Inutile aussi d'attendre une invitation à un anniversaire...

Il m'est évidemment arrivé d'avoir dans l'école des frères et sœurs d'enfant handicapé. Je pars du principe, en tant qu'enseignante, que la présence d'un enfant handicapé à l'école ne doit pas être une charge pour ses frères et sœurs. Reste que la sœur ou le frère peut être sollicité, de temps en temps, pour rassurer le petit handicapé au même titre qu'il le serait pour un frère ou une sœur plus jeunes ou plus timides. Les comportements sont très différents selon les cas et la place dans la fratrie. Quand par exemple Éloïse – une enfant handicapée de notre établissement – était petite, à chaque récréation, elle venait chercher sa grande sœur pour qu'elle s'occupe d'elle. Je n'ai jamais vu Sabrina (la grande sœur) s'énerver ou la renvoyer. En revanche, nous devions éloigner Éloïse pour que Sabrina puisse jouer avec les enfants de son âge. Il est clair que Sabrina a acquis plus de maturité et plus tôt que les autres enfants. Maintenant, elle a quitté l'école. Éloïse se retrouve toute seule. Elle a appris à se débrouiller et a enfin cherché à s'intégrer aux enfants de son âge. Elle est très attentive et s'occupe beaucoup de l'enfant autiste que nous accueillons actuellement. C'est finalement quand sa sœur est partie qu'elle a commencé à évoluer.

Quand l'enfant arrive, je parle de son handicap sous le contrôle de ce que peut dire son frère ou sa sœur déjà dans la classe. J'évite les mots techniques, mais je ne cache pas le handicap de l'enfant qui rejoint notre groupe. Contrairement à certains parents, je libère les frères et sœurs du petit handicapé d'une part de responsabilité qu'ils endossent de leur propre chef ou à la demande de leurs parents. C'est là une différence fondamentale. Les parents manquent souvent de distance et ne sont pas conscients de ce que leur attitude induit chez leurs autres enfants. Je ne porte aucun jugement, c'est un constat. J'exige des choses de l'enfant handicapé. Il doit se socialiser dans la mesure de ses possibilités et doit savoir que tout n'est pas permis, que des limites existent. Cela aussi, c'est un facteur d'égalité avec les autres et, a fortiori, avec ses frères et sœurs, ça favorise son intégration.

Étant moi-même mère d'un enfant handicapé, il est évident que je peux dire aux parents d'enfants handicapés des choses qui seraient mal acceptées venant d'autres enseignants. Je connais la souffrance des parents et je la comprends. Mais je sais aussi qu'il ne faut pas tromper ces parents.

Danièle Servoir

Laurence et Annie

La famille Groix compte quatre enfants. Annie, l'aînée, vient au monde en 1957, et Philippe en 1958. Ils naissent à Metz, alors que leur père, gendarme, est en poste à Nouméa. Leur mère, en effet, souhaitait être près de sa famille lors de ces premières naissances. Laurence est la troisième des quatre enfants. Elle naît à Nouméa en 1960. En 1961, la famille Groix rentre en métropole et, en 1967, arrive le dernier des quatre enfants, Olivier.
La naissance de l'aînée, Annie, s'est mal passée. Le bébé a souffert au point d'en garder des séquelles importantes et une déficience intellectuelle certaine. Aujourd'hui âgée de quarante-sept ans, elle travaille dans un CAT *où elle se rend par ses propres moyens. Elle peut rester seule à la maison quelques heures. Elle lit et écrit avec difficulté. Laurence est aujourd'hui orthophoniste. C'est elle qui témoigne.*

Je pense que mes parents ont dû rester séparés plusieurs mois de la naissance d'Annie jusqu'après celle de Philippe. Maman était à Metz avec ses deux aînés et mon père travaillait à Nouméa. Ils se sont écrit régulièrement tout au long de cette période. C'est la lecture inopinée de l'une de ces lettres qui m'a éclairée sur l'état de ma sœur Annie.

Je devais avoir environ sept ou huit ans. En jouant avec un sac à main de ma mère découvert au fond d'une armoire, j'ai trouvé une lettre dans laquelle elle s'inquiétait auprès de mon père des difficultés qu'Annie avait pour s'asseoir et du peu de progrès qu'elle faisait. J'ai compris que, au-delà de sa différence, Annie était handicapée. Il faut dire que le handicap mental, lorsqu'il est léger, se voit peu avant l'adolescence. Il y a malgré tout des mimiques exagérées. Mais le mot handicap n'a jamais été prononcé à la maison.

Je me rappelle qu'Annie fréquentait un CMPP (centre médico psychopédagogique). Je pense qu'elle a été scolarisée tardivement car, lorsque mon frère et moi rentrions de l'école maternelle, il me semble que je revois Annie à la maison. Je sais simplement que c'est grâce à Annie que j'ai changé d'école. Quand j'ai eu six ans, Maman m'a inscrite dans une institution religieuse dans laquelle je ne me sentais pas bien. Quelques semaines après la rentrée, elle a demandé aux sœurs d'accueillir Annie. Elles ont refusé. Ma mère a alors décidé de me retirer de cette école et m'a inscrite avec Annie dans une école qui disposait d'une classe d'adaptation. Je crois cependant que la mémoire des enfants est très sélective. Je n'ai aucun souvenir de ma sœur dans la cour de l'école et pourtant elle fréquentait une classe qui se trouvait dans cette même école. Je ne me rappelle pas avoir joué avec elle.

En revanche, j'ai le souvenir des trajets pour aller à l'école. Nous partions toutes les deux. Mon frère allait dans un autre établissement. Un jour, en regardant ailleurs, Annie a heurté un poteau. Elle s'est fait très mal au visage et je me suis moquée d'elle. Maintenant, à l'âge adulte, je trouve cette réaction terrible, mais je crois qu'il fallait que j'évacue quelque chose que je n'exprimais pas.

Nous étions souvent habillées de la même façon et on nous offrait les mêmes jouets. Ce n'est pas pour autant que je me suis rapprochée d'elle ou encore assimilée à elle. Nous avons longtemps dormi dans la même chambre. Je la mettais dehors sans ménagement lorsqu'elle me dérangeait. Je n'ai pas eu de grande sœur. J'étais d'une certaine façon la grande sœur de ma sœur aînée. Je n'ai jamais rien partagé avec elle. Je l'ai toujours niée ! Mes parents sont en partie responsables de cet état de fait, mais ils ont fait avec leur histoire, leurs plaies. Je ne leur reproche rien.

Dans notre famille, on ne parle pas. Cela tient à plusieurs raisons. À cette époque, on taisait le handicap. Mais ce silence tient aussi à ma famille. Le silence de mon père trouve son origine dans son enfance. Mon grand-père paternel était un type extrêmement dur. Il était unanimement détesté. Ma grand-mère aurait sans doute aimé partir. Elle ne l'a pas fait. Cela était impossible avec les quatre enfants qu'elle avait eus de lui. Elle n'a commencé à vivre qu'une fois que mon grand-père est mort. Elle a aujourd'hui quatre-vingt-quinze ans et c'est un amour de femme. Les parents de ma mère étaient polonais. Ils s'exprimaient difficilement et parlaient peu. Si on ajoute à cela la blessure narcissique que provoque l'arrivée d'un enfant handicapé, toutes ces raisons font que ni mon père, ni ma mère, ni personne dans la famille n'a jamais parlé du handicap d'Annie. Mes parents ne disant rien, nous, les enfants, nous sentions dans l'obligation de ne rien dire. Aujourd'hui encore nous n'abordons jamais le problème. Je le regrette.

Par ailleurs, ma position était particulière : j'étais le seul enfant du même sexe dans la fratrie et, à ce titre, j'ai été plus sollicitée que mes frères. Cela peut sembler naturel car, dans une fratrie, il paraît normal que ce soit l'enfant du même sexe que celui de l'enfant handicapé qui soit plus attentif à ce dernier. Je pense que si nous avions eu un frère handicapé, Philippe aurait été plus sollicité. Reste que je me suis mise en tête que je ne faisais pas ce que je voulais à cause d'Annie et que je la subissais.

Pendant trois ans, j'ai accompagné Annie à l'école. Dès que nous étions ensemble et sans la présence d'adultes, j'étais chargée de la surveiller. Je me rappelle aussi que ma mère s'était engagée à vendre, chaque année, des cartes de vœux pour le compte d'une association de soutien aux familles de handicapés. Elle m'envoyait faire le porte-à-porte. Je détestais cela. Cela me désignait comme la sœur d'une handicapée !

Mes frères et moi jouions avec Annie quand nous étions seuls avec elle. Plus exactement nous la tolérions dans nos jeux. J'hésitais à inviter des copines et, dès qu'un enfant venait de l'extérieur, elle n'existait plus. J'avais honte. C'est pire, je crois que je la niais !

Il y a quelque temps, mon compagnon m'a fait remarquer que quand nous étions en famille, aujourd'hui encore, nous lui adressions rarement la parole. Il a raison et, à partir de ce jour, j'en ai pris conscience. Cependant, cette façon de faire fait partie de notre attitude familiale. Mes parents, et mon père peut-être plus particulièrement, parlent à Annie comme à une gamine, mais tous deux acceptent cependant qu'elle puisse avoir une vie d'adulte. Elle a un travail, un ami, et le week-end elle rejoint ses copains sans que cela pose le moindre problème.

Quand je vois ma sœur, elle est pour moi une adulte handicapée identique à celles et ceux avec lesquels je travaille. Sans plus. Comme eux, elle est très sociable, mais elle parle fort et n'est pas discrète. Cela me gêne. Je me souviens pourtant d'une fois où j'ai eu un autre regard sur elle. À l'âge de dix-huit ans, j'ai accompagné dans un camp de vacances un groupe de jeunes handicapés dont elle faisait partie. Je l'ai considérée comme les autres (et donc mieux que ma sœur), un peu comme si elle était enfin à sa place dans ce groupe de handicapés.

Dans notre famille, on a tu et tué beaucoup de choses. Je n'ai pas grand-chose à dire à mon frère aîné, un peu plus peut-être à Olivier, après une grande période de jalousie. J'ai longtemps été, avant qu'il ne naisse, la cadette, mais aussi la première fille réussie. J'avais le sentiment d'avoir un statut particulier dans la famille. Mes parents n'ont pas su créer de liens entre nous... Mais en même temps, malgré leur silence, leur maladresse, notre difficulté à nous montrer affectueux, nos parents ont toujours été là pour nous. Il faut également dire qu'ils vivent en permanence avec Annie depuis qu'elle est née. Ma grand-mère nous dit très souvent : « Quand vos parents ne seront plus là, vous devrez vous occuper de votre sœur. » Depuis mon plus jeune âge, j'ai toujours dit non ! Il n'en était pas question et, aujourd'hui encore, je ne me sens toujours obligée à rien.

Mon père est très investi dans des associations de parents d'enfants handicapés. Il s'inquiète de ce que deviendra Annie à leur disparition et s'en ouvre plus facilement à mon compagnon qu'à ses propres enfants. Je répète sans cesse que c'est le silence de mes parents qui est la cause de cette difficulté relationnelle. Il m'arrive cependant de penser que je me retranche peut-être derrière cela !

Je n'ai pas eu une enfance malheureuse. Je pense même que j'ai été heureuse, mais je crois que je l'ai été parce que j'ai réussi à mettre ma sœur de côté dans ma tête. Je n'ai pas de sentiment d'injustice... mais je n'ai aucune complicité avec ma sœur. Je crois que c'est cela, le plus grave. J'ai installé une distance et je regrette que ma relation avec Annie soit si lointaine. Ce n'est pas très humain, mais il y a derrière cela toute notre histoire familiale. Les choses sont ainsi ! Je ne peux pas changer les choses qui sont, ni refaire l'histoire.

Ma cousine germaine est beaucoup plus proche d'elle. J'en suis heureuse. J'aime la relation qu'elles ont ensemble, même si je suis dans l'incapacité de générer ce type de relation avec Annie. Et, pourtant, la raison me dit que dans une fratrie nous devons être là les uns pour les autres... Ma tête me le dit, mais voilà, j'assume qu'il n'en soit pas ainsi. Je ne me sens pas coupable.

Pour tout dire, je crois que le fait d'avoir cette sœur handicapée a provoqué chez moi une blessure profonde. J'en ai pris conscience seulement à l'âge adulte. C'est un peu comme si son existence, cette parenté ternissait ma propre image, d'autant que cette image est très forte. J'étais la petite fille chérie. Cela n'est pas sans conséquences.

Pour moi, il était impensable d'avoir un enfant handicapé. Je sais trop ce que cela bouleverse dans une famille. Annie a empêché tant de choses ! Par exemple, mon père avait demandé à retourner dans les DOM-TOM. Cela n'a pas pu se faire car il n'y avait pas de structure pour accueillir notre sœur. Elle a dû ressentir tout cela... mais sans doute l'a-t-elle évacué.

Lorsque j'ai été enceinte, j'ai fait faire une amniocentèse car j'avais déjà trente-sept ans. Je disais avec un humour particulièrement cynique : « Si j'ai un enfant handicapé, je le donnerai aux pauvres. » C'est une pensée terrible... Le gynéco voulait faire naître mon bébé avant terme, ainsi il serait né le même mois qu'Annie. Pour moi, il n'en était pas question. Mon fils est né le 1er mars, malgré toutes les tentatives du médecin. J'étais sûre qu'il en serait ainsi.

« Nous avons aussi le droit de fermer la porte à l'autre[1] »

Philippe Lesenne est travailleur social. Depuis une vingtaine d'années, en tant que thérapeute familial, travailleur social ou coordinateur technique, il est confronté à des situations aussi diverses que l'enfance inadaptée ou la maltraitance.

Travailleur social spécialisé dans l'enfance, et non dans le handicap, j'ai depuis plusieurs années orienté ma réflexion autour de la question de l'autre, de celui qui nous dérange et de celui qui nous incombe, qui nous encombre. Comme le dit Alain Finkielkraut : « Je désigne ainsi celui qui fait violence à ma nature en me commandant de l'aimer[2]. » La relation à l'autre est l'une des grandes questions que se posent ceux qui me consultent, mais la question de l'autre est aussi pour moi une interrogation toute personnelle. Elle est l'une de mes préoccupations. C'est ce qui me permet d'occuper toutes les places dans le commentaire qui suit : celle de Laurence, celle d'Annie, de l'autre semblable, du lecteur…

Dans ce que dit Laurence, la question de l'autre est entière, sans restriction, sous-tendue par la problématique de l'appartenance et de la différence, du semblable et de la singularité. Ainsi se pose la question de l'autre et de notre rapport à lui. Ce rapport est-il irrépressible ou

---

1. Alain Finkielkraut, lors d'un dialogue avec Marie de Solemne, *Insaisissable fraternité*, Dervy, 1998.
2. *Ibid.*

demande-t-il un effort, une démarche contre ce que l'autre a d'insupportable pour nous, au point que nous voulions l'annuler, le faire disparaître ou faire qu'il n'ait jamais existé ?

Ainsi, le combat pour exister que formule Laurence, sa crainte que le handicap puisse tenir en échec sa vie de mère et l'impression coupable qu'elle exprime au sujet de sa sœur, Annie, m'ont incité à prendre le contre-pied de ses impressions. J'ai pris le parti d'une interrogation sur le fondement même de la différence autour de l'affirmation suivante : « Nous avons le droit de fermer la porte à l'autre... non pas par souci de provocation, mais plutôt afin de réhabiliter la différence. » Reste que l'idée commune, culturellement inscrite dans notre conception judéo-chrétienne de l'amour du prochain, de la compassion, voire du sacrifice de soi pour celui qui souffre, nous conduit tout naturellement à rejeter celui qui semble sourd à la souffrance ou refuse la différence. Certains iront jusqu'à montrer du doigt l'auteur d'une attitude aussi inhabituelle et jugée comme coupable dans nos sociétés.

En effet, comment tenir une telle position, comment imaginer fermer la porte alors que le destin handicape Annie et non Laurence ?

Annie est différente. Son handicap n'est pas nommé – surtout pas –, mais il est bel et bien à l'origine du malaise qui pèse sur les relations familiales. La famille établit alors une règle implicite : Annie devient la norme. La règle s'établira autour de ce qu'elle est, de son handicap. Partant de là, il ne faut pas être différent d'elle, on ne peut plus exister pour soi et l'on se doit d'être responsable d'elle car elle est si vulnérable. Chaque membre de la famille se laisse assimiler, s'identifie.

Cette attitude présente un autre avantage. Elle permet de gommer la différence et le handicap d'Annie. C'est nous qui ne savons plus marcher, c'est nous qui sommes exclus. Ce n'est pas elle. Les rôles s'inversent. Annie devient la norme. La famille est à son enseigne. Elle apparaît alors comme un corps, un corps, ici, avec un membre maladroit, gauche, handicapé... Il fait partie intégrante de ce corps tout en étant extérieur à ce corps : c'est comme un « autre semblable » !

Voilà pourquoi le propos de Laurence dérange lorsqu'elle dit de sa sœur, par exemple, qu'elle « a empêché tant de choses ». Annie qui, toute sa vie, sera elle-même empêchée du fait de son handicap empêche donc chacun d'être délié, sous peine de culpabilité et d'être exclu.

Alors, dans une telle proximité à l'autre, dans cette figure imposée par le groupe familial et la société, peut-on véritablement échapper à la violence ? Pour le dire autrement, peut-on construire une distance, cette distance qui permettra le lien ? En effet, dans ces circonstances relationnelles, telles qu'elles ont été posées par le groupe familial autour du handicap d'Annie, Laurence n'a aucun moyen d'échapper à Annie. Une responsabilité pèse sur elle. Cependant, ce n'est pas la forme de la relation qui en détermine la nature. Non ! Le lien est purement formel, obligé, donc violent. Annie et son handicap ont fait irruption par effraction dans la vie de Laurence. Au-delà de la responsabilité qu'elle ressent et de la culpabilité qui s'ensuit, Laurence est prise au piège de la fraternité, qui devient un horizon indépassable.

Dans ces conditions, peut-on fermer la porte ? Comment ? Peut-on dire « non » ? Ce « non » fondateur qui seul autorisera, par la suite, le « oui. » Non pas le « oui » d'une résignation, mais un « oui » qui relève d'une décision, d'un acte volontaire. Le « non » s'identifie à une frontière, une limite qui se pose à l'autre et qui s'impose à nous contre notre propre violence. Le handicap est amplificateur. Il exagère la difficulté du rapport à l'autre.

Suivons Laurence et son courage dans cette voie, Laurence qui dit « non. » Dans un premier temps, ce « non » est celui de l'insupportable pour elle. C'est un « non » sur l'empreinte de ce handicap qui l'encombre, elle, Laurence, et qui pourrait empêcher la réalisation de ce qu'elle tente de construire ailleurs. Mais ce « non » va s'affirmer. Il va prendre un autre sens. C'est le « non » qui va permettre l'écart, la distance qui rendront le lien possible. Dans notre société, il est difficile de dire « non » sans argumenter et sans expliquer pourquoi le refus, pourquoi le dire non.

Dire « non », c'est avant tout renoncer. Le « non » est difficile parce qu'identifié, à tort, au désamour et à la rupture. On évite souvent de dire « non ». Il y a deux raisons principales à cela – la première est que nous pensons que l'autre entend : « Il ne m'aime pas », la seconde étant la crainte de ne plus être aimé de l'autre et de son entourage : « Puisque tu me dis « non », je ne t'aime plus. » C'est ignorer que, paradoxalement, le « non » protège. Il protège l'autre de soi, de notre violence. Rappelons-nous l'agacement ressenti lorsque l'on dit « oui » à l'autre par abdication ou découragement, alors que nous voulions interdire ou refuser. Ainsi, celui à qui nous disons « oui » du fait de sa différence, de son handicap, de notre responsabilité, des pressions de l'environnement, de la famille, bref de notre incapacité à dire « non », reçoit un « oui » contraint. Il s'agit plutôt d'un « oui » chargé d'un « non » inavouable, interdit.

C'est pourtant dans l'acceptation par nous de dire « non », dans l'aveu de ce « non » que la rencontre devient possible. J'en veux pour preuve le moment où Laurence entrevoit la possibilité d'un dialogue. Cette possibilité intervient quand il lui est possible de penser à elle non dans un mouvement d'égoïsme, mais dans le souci de soi. Peut-on imaginer que c'est dans le souci de soi que s'enracine le souci de l'autre ? La fraternité est un effort. C'est donc renoncer à notre culpabilité, à cette expression « tu dois... tu devrais... » Le « non », c'est aussi accepter notre limite, notre impuissance. Nous ne pouvons pas toujours répondre « présent ». Dire « non », c'est renoncer à notre violence, c'est accepter d'exister, de ne pas être assimilé. C'est être là, pleinement présent, pour l'autre. Le « non » s'élabore comme une différenciation de tout ce qui n'était pas nommé antérieurement.

Ainsi, l'autre nous encombre et nous incombe, nous commandant d'être fraternel. Cependant, cette fraternité n'est pas inhérente à l'homme, elle n'est pas innée, mais imposée, comme un devoir auquel nous ne pouvons nous dérober. C'est justement parce que l'autre n'est pas réductible à soi que nous ne sommes pas réductibles à lui. C'est toute la valeur et le sens de pouvoir fermer la porte à l'autre non point par rejet, mais plutôt comme un acte d'amour.

Philippe Lesenne

Marion et Claire

Claire est née en 1981 à Saint-Denis de la Réunion. À cette époque, Patrick, son père, est employé au cadastre, et Isabelle, sa mère, secrétaire.
On détecte chez Claire, alors qu'elle n'a que deux ans, une tumeur au cerveau. Elle subit de nombreuses interventions, dont elle gardera des séquelles. Elle a avec sa sœur Marion, qui témoigne ici, deux ans de différence.

Je suis arrivée en plein drame. Le pronostic vital de ma sœur était engagé. Les médecins avaient dit à mes parents qu'il y avait cinquante pour cent de chances qu'elle ne survive pas à sa tumeur cancéreuse du cervelet et aux soins qu'elle allait devoir subir. Cette petite fille qui s'était développée tout à fait normalement était désormais en danger de mort. Mes parents sont rentrés prématurément en métropole pour la faire soigner dans les meilleures conditions. Ils ont habité pendant un mois chez une tante, et mon père est ensuite reparti à la Réunion pour finir sa mission et organiser le rapatriement de ce qui était resté là-bas.

Entre-temps, Claire avait été opérée, était traitée par chimiothérapie et je venais de naître. Les traitements, les chimiothérapies, les nombreuses otites qu'elle a eues, toutes les opérations qu'elle a subies, dont certaines ont touché l'hypophyse, sont la cause de son handicap. Elle est très sourde – elle a eu une greffe des tympans – et elle n'a pas grandi.

Elle a aujourd'hui l'âge mental d'une enfant de six ou sept ans. Mes parents étaient très préoccupés par son état et je me souviens d'être allée voir Claire à l'hôpital. Je devais avoir trois ou quatre ans. L'endroit me paraissait immense ; j'étais impressionnée. Cela se situait à la période où Claire était soignée pour ses otites. Je n'ai pas de souvenirs de la séparation. Quand elle était à la maison, en revanche, nous dormions dans la même chambre. Nous étions très copines jusqu'à ce que j'aie environ cinq ans. Je la considérais comme ma grande sœur. Cependant, au moment où je l'ai dépassée en taille, elle a fait un blocage à mon égard et elle s'est mise à régresser.

Les rôles se sont intervertis à ce moment-là. Je suis devenue la grande sœur de ma sœur aînée et je me suis servie du handicap de Claire. J'étais une enfant plutôt introvertie et assez timide. Le fait qu'elle soit différente me permettait de chercher le regard des autres et d'attirer leur compassion. Si je veux être franche, la situation était en réalité plus ambiguë que cela : je voulais attirer la compassion des autres, mais, en même temps, je ne voulais pas que l'on ait pitié de moi ! Je suis, il est vrai, d'un tempérament réservé, cependant l'état de Claire explique aussi une partie de ce comportement et de ce que j'attends des autres.

Claire a du caractère. Elle ne se laisse pas faire et très souvent j'ai dû plier devant elle. Elle se cachait des parents pour être méchante avec moi, mais je devais me laisser faire et ne pas l'ennuyer, sinon mes parents intervenaient en sa faveur. Elle avait aussi quelques privilèges que j'acceptais difficilement. D'une façon générale, mes parents étaient plus attentifs au confort de Claire qu'au mien. Par exemple, dans la voiture, j'avais toujours la place au soleil. Mes parents avaient très peur pour elle. Son état était fragile... Cela a fait naître chez moi, à cette époque, un sentiment d'injustice. Claire était, et reste encore, le sujet principal de conversation. À la différence qu'aujourd'hui je peux prendre part à cette conversation.

Mes parents ne m'ont jamais laissée de côté, même s'ils ont été plus exigeants avec moi qu'avec Claire. Je n'ai jamais cependant ressenti le besoin de quitter la maison et nous sommes finalement assez complices, même si j'ai un jour souhaité avoir ma propre chambre.

Quand je suis entrée en sixième, tout allait mal. Je ne supportais plus les ronflements de ma sœur la nuit. J'avais pris ma couette et je m'étais installée dans une pièce où maman faisait le repassage. Mes parents s'étaient séparés une première fois quand j'avais trois ans. Ils étaient revenus ensemble, pour finalement se quitter à nouveau, et de façon définitive à cette époque-là. Selon ma grand-mère maternelle, le handicap de Claire était trop lourd à supporter pour ma mère. Aller vivre à Paris était pour elle une fuite. Nous y habitons depuis cette séparation avec notre père. Ma sœur était en pleine adolescence. Tous ces facteurs réunis étaient particulièrement pesants, d'autant que chacun de nos parents avait retrouvé un compagnon très vite et qu'il a fallu s'habituer à une belle-mère et à un beau-père ! La rupture avec ma sœur est intervenue dans ces circonstances et nous ne nous sommes plus parlé pendant des années. J'ai alors pris une importance particulière dans la famille. Maman a marqué très vite ses limites avec Claire. Claire a une relation passionnelle avec elle. Elle peut rechercher la fusion avec notre mère et tout aussi bien la repousser. Mon père est plutôt souple et « papa poule ». Je suis plus proche de lui, et cela ne tient pas à l'attitude souvent agressive de Claire à son égard. C'est une question de tempérament.

Ces modifications du noyau familial m'ont permis de m'imposer. J'ai pris une certaine importance auprès de mes parents : j'étais parfois la femme de mon père et, d'autres fois, le mari de ma mère. Ma sœur n'était plus au centre de tout. C'était moi, d'autant que je jouais les médiateurs entre mon père et ma mère, ma mère et ma grand-mère, mon père et ma sœur. Claire elle-même dit que je suis sa deuxième grand-mère, notre grand-mère maternelle s'occupant beaucoup d'elle. Dans son centre, elle nous présente comme son père et sa sœur, mais à la maison, elle prend sa petite voix et je deviens sa mamie, notre père étant son papy ! J'avoue que si mon père me laissait faire, j'aurais tendance à outrepasser mon rôle.

Il n'est pas facile pour moi de revenir à la place qui est la mienne. Il est naturel que je me considère un peu plus que simplement la sœur de Claire parce que je participe à son éducation. Ma place est peut-être de n'être jamais à ma véritable place. Cependant, lorsque cela devient trop lourd, je redeviens la sœur ! En réalité, je me mets là où les choses me conviennent le mieux ; j'ai une position à géométrie variable. Je me sens utile, j'ai le sentiment d'avoir un pouvoir sur les personnes de la famille et sur les évènements familiaux. Cela me donne l'importance qui m'a manqué.

Cela fait seulement quatre ans que les choses vont mieux entre ma sœur et moi. Claire a enfin accepté ce qu'elle était. Elle a accepté de grandir dans sa tête. De mon côté, j'ai changé d'attitude. Je me suis imposée et je ne me laisse plus faire. Les forces se sont rééquilibrées.

La petite taille de Claire n'est pas le problème. De temps en temps, je compare la relation que j'ai avec elle à celle que des amis à moi ont avec leurs frères et sœurs. Il y a un véritable gouffre. Les conversations sont différentes, les conflits aussi... Les autres ont grandi et évolué ensemble. Claire, elle, est restée figée dans le temps et je me sens seule, comme si elle était restée en chemin. Je sais que notre relation ne pourra pas évoluer et cela me donne l'impression d'être moi-même immobile.

Au collège, alors que les choses allaient si mal à la maison, j'avais trouvé une sœur de substitution. Elle aussi s'appelait Claire. Elle était plus grande que moi et il est vrai que j'ai voulu établir avec elle une relation plus fraternelle qu'amicale. Nous avons fini par nous fâcher et nous ne nous voyons plus.

Aujourd'hui, je fais des études d'infirmière à Libourne, où je reste toute la semaine. Je ne reviens que le week-end. Je sais que Claire en souffre. Tout à coup, elle s'est mise à m'adorer, un peu comme si elle avait eu le sentiment de me perdre. En ce qui me concerne, je souffle un peu. Cela me fait beaucoup de bien. Quoi qu'il en soit, nous avons gardé des distances depuis l'époque où notre relation était inexistante. Nous n'avons pas d'échanges physiques, nous ne nous touchons pas, si ce n'est qu'elle me fait un baisemain les matins où je suis là.

Elle ne supporte pas non plus que mon père l'embrasse. Elle se contente de lui donner des coups de nez pour lui manifester son affection. En revanche, elle recherche de plus en plus le contact avec notre mère. Elle l'embrasse, la touche, joue avec sa poitrine.

Malgré tout cela, Claire est autonome et elle en est fière. Elle a un ami dont elle est très amoureuse. Il s'agit d'un garçon qui est dans le même centre qu'elle. Elle en parle à longueur de journée et lui téléphone tous les soirs. Je la vois toujours comme une enfant et je n'imaginais pas qu'elle puisse avoir une relation de couple. Mon père, pour sa part, est assez inquiet quant à cette histoire d'amour. Claire sait qu'elle ne pourra pas avoir d'enfants, mais elle envisage d'en adopter. Elle me dit toujours « Quand je serai grande... » Elle a certes accepté certaines choses, mais elle n'a pas véritablement conscience de ce qu'elle est et des limites de son évolution.

Je ne vois pas comment les choses pourraient changer. Nos histoires sont différentes. Nous vivrons notre vie chacune de notre côté. Elle a la sienne, j'ai la mienne, et ce sera toujours comme cela. La vie de mes parents s'est construite autour d'elle, ils ont tout fait en fonction de Claire. En ce qui me concerne, je serais incapable d'élever une fille comme elle et j'ai peur que cela m'arrive. C'est trop de responsabilités et de contraintes. Je n'ai pas voulu beaucoup m'investir auprès de Claire, de façon à ne rien faire en fonction d'elle. Il y a une grande différence entre être la sœur ou le frère et être le parent d'un tel enfant. J'ai finalement une grande liberté, et la façon dont j'ai organisé ma vie me permet de la vivre pleinement.

Le cercle vertueux du travail

Jacques Beauché, directeur de l'AD'APRO à Bordeaux, et Carole Stellvagen, psychologue. L'AD'APRO est un atelier pré-professionnel pour jeunes adultes dont l'objectif essentiel est de les rendre le plus autonomes possible et de les aider à s'insérer dans le monde du travail.

L'encadrement social des personnes handicapées a notablement évolué depuis quelques décennies. Autrefois, un enfant handicapé était entièrement à la charge de la famille. Hormis le secteur médical, aucune autre réponse n'existait pour subvenir aux besoins de la personne handicapée et de ses proches. Le handicap renvoyait la famille tout entière à la honte, à la culpabilité, à l'exclusion, et, bien souvent, les enfants « non conformes » étaient cachés. Par la suite, des initiatives de parents pour faire reconnaître leurs besoins ont permis de sensibiliser les pouvoirs publics à la prise en compte de cette population. Sont alors apparues les premières lois concernant les personnes handicapées. Les structures spécialisées pour enfants et adolescents ont fleuri.

Parallèlement, les accompagnants, bénévoles dans un premier temps, se sont professionnalisés en se dotant d'outils et de techniques visant à une meilleure prise en charge des personnes déficientes. Des structures se sont développées et diversifiées en fonction de l'âge et des besoins de chacun. Sont nés alors des établissements accueillant des adultes.

Des catégories de handicaps ont été alors définies : moteur, sensoriel, mental. Il faut noter qu'aujourd'hui, malgré les efforts accomplis, le handicap mental ou psychique reste encore le parent pauvre de l'inadaptation. Les mentalités ont néanmoins évolué et il est admis qu'un enfant handicapé puisse aujourd'hui bénéficier d'une éducation et d'une scolarisation adaptées à ses capacités et à ses besoins. Ayant atteint l'âge adulte, il pourra, toujours selon ses capacités, entrer dans le monde du travail dans des ateliers protégés ou des centres d'aide par le travail (CAT).

Malheureusement, la personne atteinte d'un handicap mental n'évolue pas selon une logique ordinaire. La personne handicapée mentale peut acquérir de petites autonomies dans certains secteurs tout en restant très démuni dans d'autres : l'évolution est souvent hétérogène et dysharmonique. Elle est parfois en inadéquation avec les « filières existantes » qui, elles, sont construites selon une logique de développement linéaire.

Il faut ajouter à cet écueil des incohérences dues à l'éclatement et à la dispersion des prises en charge. En effet avec la décentralisation, les financeurs – État, région, département – se répartissent des compétences de prise en charge qui sont souvent loin de se juxtaposer à celles qu'il faudrait développer pour venir en aide à la personne handicapée mentale et à ses proches. La décentralisation censée répondre aux besoins des personnes déficientes aboutit le plus souvent à l'éclatement des aides alors que, dans ce domaine, le soutien devrait être global, coordonné et complémentaire. Par ailleurs, la réalité des équipements actuels obéit à une logique économique et cela conduit parfois à des aberrations : ce n'est plus le dispositif qui s'adapte aux besoins de la personne handicapée, mais celle-ci qui doit entrer dans le cadre d'un dispositif parfois très cloisonné – la formation et l'insertion relevant du conseil régional, la santé et le travail en milieu ordinaire de l'État, la solidarité, les foyers occupationnels du conseil général...

Reste que, au-delà de ces considérations et quel que soit le degré de handicap, les structures de prise en charge fondent l'essentiel de leur mission sur le travail d'autonomisation de la personne, en tentant de lui transmettre, autant que faire se peut, les outils nécessaires.

Le lien social

Le travail reste le lieu principal de lien social : on y a des collègues, des amis, des droits, des devoirs, des ressources conditionnées à une production et non à un état, des horaires, des temps de vacances, la possibilité de prétendre à un logement par la justification de ressources, mais aussi par l'image de capacité que représente celui qui « peut travailler ». L'acquisition d'un statut professionnel est essentielle car celui-ci est inséparable, dans notre culture, de la notion de statut social. Seul celui qui travaille peut prétendre à un logement et à une intégration plus complète à la société. Cela est valable pour chacun d'entre nous, et a fortiori pour la personne handicapée : l'accès au statut de travailleur est un facteur majeur d'intégration pour les personnes déficientes. Sont alors interrogées la nature des ressources, la nature du travail et du contrat (CDD, CDI). En effet, pour éviter d'être à la marge, mieux vaut avoir un contrat de travail de longue durée et un toit légalement obtenu ! On se présente souvent au travers de ce que l'on fait, plus que parce que l'on est.

Le déficient, au-delà de son handicap, est également victime d'un handicap social. Que représente, pour la société, une personne handicapée qui ne travaille pas ? Peu de chose ? Rien ? Pis, un poids, une charge ? Le travail donne un statut à la personne déficiente : elle n'est plus socialement une « personne handicapée », mais un « travailleur qui a un handicap ». Il ne s'agit pas là d'une facétie grammaticale, mais bien de l'essence même de la réponse à la question : le travail est-il un facteur intégrant pour une personne handicapée ? Le regard des autres contribue à modifier le regard que la personne handicapée porte elle-même sur ce qu'elle est. Lorsqu'une personne handicapée travaille, son handicap est « absorbé », gommé, par le fait qu'elle appartient au monde des travailleurs. Cela signifie qu'elle dispose de compétences et de capacités. Une fois ces compétences prises en considération, elles participent d'un « cercle vertueux ». La société, le patron, les collègues, les proches ne s'arrêtent plus au handicap, mais font avec. Mieux : la personne sollicitée voit ses capacités se développer. On vous ménage moins dans vos incapacités.

En sens inverse, le « sans-travail » est d'autant plus inapte. À quoi ? Souvent on associe l'inaptitude au travail à une inaptitude sociale et, pour les personnes handicapées, notamment psychiques ou mentales, à une inaptitude totale... Ainsi déconsidérée, la personne est donc moins sollicitée, on en attend peu. Elle entre alors dans un « cercle défectueux » : les expérimentations sociales y sont moindres. Cela entraîne une perte de confiance en soi, diminuant encore les chances de travailler.

Une enquête récente a démontré que la quasi-totalité de ceux qui mentionnaient un handicap (quel qu'il soit) dans leur CV n'avait reçu aucune réponse. On voit là toute l'importance de rentrer dans le cercle fermé de ceux qui sont « capables », et donc admis à l'autel de l'utilité sociale et de la « non-assistance » ! Ce cercle reste très fermé aux personnes handicapées ; et, à l'intérieur, on trouve des catégories de handicaps. Ceux qui ont un handicap mental ou psychique sont les plus défavorisés, car ces handicaps s'inscrivent toujours dans des représentations qui ont la peau dure. Le handicap mental ou psychique est associé à la folie, que l'on redoute, ou à l'innocence, que l'on plaint.

Si le travail permet de s'intégrer, permet-il de devenir autonome ? De notre expérience d'aide à l'accompagnement vers l'insertion au travail, nous pouvons témoigner de l'importance que cette intégration a eu sur l'autonomie des personnes handicapées avec lesquelles nous travaillons. Avoir un travail, c'est être un travailleur. La personne handicapée n'est plus identifiée par son handicap, mais par sa fonction. On voit alors concomitamment une transformation physique : la personne se tient plus droite, ayant plus confiance en elle. Elle se tourne vers les autres, ose les regarder. Elle formule moins de plaintes corporelles, qui expriment parfois une fatigue compréhensible ou une fatigue qui témoigne que l'on travaille, mimant ainsi une norme induite par le travail. Travail signifie fatigue. Si je suis fatigué, c'est que je travaille. Si je travaille, je suis donc un travailleur. Si je suis un travailleur, j'entre dans la société...

Une des difficultés des personnes handicapées, et plus particulièrement déficientes mentales, c'est d'être éloignées de groupes « normaux » ou de groupes tout court. Elles se retrouvent entre personnes handicapées. Leur handicap, stigmatisé par le monde extérieur, est là banalisé. C'est l'endroit, ou le groupe, du handicap. Beaucoup de personnes handicapées vivent encore dans leur famille. L'isolement est grand, mais cela peut être sécurisant pour certains qui se sentent ainsi très protégés dans un milieu connu et attentif. En travaillant, la personne handicapée entre dans le groupe de ceux qui travaillent. Mais elle peut se sentir exposée et craindre de perdre la sécurité que lui donnait la vie en institution ou en famille. Le travail permet de structurer le temps, donne un objectif, une place et permet de dépasser ce sentiment d'insécurité.

Apprendre est un bonheur

Dans notre structure, nous accueillons des jeunes gens de vingt à trente ans. Ils nous sont adressés souvent à l'âge de vingt ans par des structures qui les connaissent depuis de nombreuses années. Nous constatons qu'une des principales causes de changement d'attitude, chez ces jeunes, est le changement de statut qu'ils trouvent en arrivant.

Ils n'ont chez nous aucun passé. Nous ne les connaissons pas et ils ne nous connaissent pas. Nous mettons en place un dispositif d'« adultes », qui implique un changement sensible dans le comportement du jeune handicapé. Nous le préparons à une insertion dans le monde du travail et avons des exigences adaptées à cet objectif : respect des horaires, absences justifiées par un certificat médical, responsabilisation sur des tâches, demande et travail sur l'autonomie dans les transports, expérimentation de lieux adaptés en dehors de la famille.

Le plaisir que la plupart ont à répondre à ces exigences, nouvelles pour eux, et la satisfaction qu'ils ont à faire des progrès sont des signes révélateurs de leur soif d'apprendre et de se montrer capables. Ils en font la démonstration auprès des professionnels qu'ils côtoient, de leurs collègues, mais aussi auprès de leurs proches. Rapporter un objet fabriqué dans un atelier, apprendre un geste, une recette et réussir à la reproduire seul, tout est important. Les conséquences sont immédiatement visibles, et surtout par les familles. Un progrès en entraîne un autre, toujours favorable à l'autonomie de la personne handicapée. Parce qu'elle travaille, la personne souhaite souvent disposer d'une plus grande autonomie : l'envie d'avoir un logement qui lui serait propre par exemple, ou l'opportunité de vivre certains aspects plus intimes de sa vie, comme le fait d'avoir une sexualité. Ce sujet est encore tabou, tant dans les institutions que dans les familles.

Travailler, c'est aussi se confronter aux collègues, aux exigences de l'encadrement, du travail lui-même. Le handicap n'est plus central : il est un facteur qui doit s'adapter aux objectifs de « production » ou de mise en situation de production. C'est un lieu où l'on s'expose obligatoirement au jugement, à la comparaison. Il faut apprendre à composer avec d'autres adultes. Quel que soit le niveau dans une situation de travail ou d'apprentissage, on attend de vous que vous réussissiez. C'est à la fois une pression importante, mais aussi un facteur mobilisateur. Le monde extérieur n'est pas toujours conscient de cette pression et de ce que ressent la personne handicapée. Par exemple, une entreprise, très satisfaite d'une jeune femme qui travaillait à mi-temps, lui a proposé d'effectuer un temps plein... L'étonnement fut grand de voir la jeune femme s'effondrer en larmes et vivre cela comme une brimade ! C'est dans ces confrontations à l'extérieur que la personne handicapée pourra « décrypter » davantage le discours sur le travail des entreprises, et en contrepartie c'est en ayant une écoute du monde du handicap que les entreprises pourront adapter leurs raisonnements et leurs pratiques aux personnes handicapées.

Les problèmes d'intégration

Les problèmes d'intégration dans le monde du travail pour une personne handicapée sont nombreux. Ils tiennent au handicap de la personne elle-même, mais aussi au monde du travail ou à l'environnement familial. Pour certains, le monde du travail représente une contrainte. Pourquoi donc y aller ? N'est-on pas mieux chez soi, protégé des autres, des exigences, des difficultés ? Pour d'autres, le travail est une façon de s'intégrer dans le monde ordinaire. Celui-ci est un lieu d'exigences, de production, de respect des règles sociales admises, de contraintes hiérarchiques. Ainsi que nous l'avons déjà dit, on y attend de la performance, de l'adaptabilité, de l'initiative, du rendement. C'est un domaine de concurrence. Certaines formes de handicap sont tout à fait compatibles avec ces exigences, avec ou sans adaptation du poste de travail. D'autres pas du tout : les personnes handicapées que nous recevons ont besoin de se faire répéter les consignes, n'ont pas une adaptabilité importante. Leur « production » n'est pas linéaire, mais séquencée et fonction de la fatigue, des humeurs, de l'agitation psychologique... bref, de facteurs imprévus. Ces problèmes n'étant pas nouveaux pour la personne, elle tentera de s'en protéger, en restant inscrite dans ce qu'elle connaît. Elle ne fera pas preuve d'une très grande mobilité sur les postes de travail ou n'insistera pas pour passer du monde du travail protégé au monde du travail ordinaire.

Il existe un autre écueil : celui du rendement de la personne handicapée. Compte tenu de son handicap, la personne déficiente peut être trop productive, car très efficace dans son désir de bien faire et de s'intégrer. Certaines personnes handicapées trouvent en effet dans le travail le moyen d'échapper ou de satisfaire à leur handicap (troubles obsessionnels, phobies, délires...). Celles-là peuvent être dans la situation d'être exploitées ou en danger de surmenage, car ignorantes ou incapables de faire valoir leurs droits ou de réguler leur implication.

Les CAT et les ateliers protégés

Le « travail protégé » se pratique principalement dans les centres d'aide par le travail (CAT) et les ateliers protégés. Les CAT ne sont pas des entreprises mais des lieux d'apprentissage. Une commission statue sur le taux d'invalidité de la personne handicapée et décide d'une « reconnaissance travailleur handicapé » (RTH). Trois catégories d'invalidité sont proposées, allant de la plus légère à la plus sévère (A, B, C). En catégorie C, la personne est orientée vers un CAT. Ces établissements fonctionnent pour 80 % avec des subventions émanant du conseil général et de l'État au titre de l'encadrement des personnes handicapées. Les 20 % restants proviennent du travail des personnes handicapées. Il s'agit souvent de sous-traitance de confection, de conditionnement, de travaux de menuiserie ou de services tels que l'entretien d'espaces verts... Cette sous-traitance est facilitée par la déduction possible par les ateliers d'une taxe obligatoire sur l'embauche de travailleurs handicapés pour les entreprises de plus de vingt salariés.

La mission des CAT est de préparer la personne handicapée à entrer dans le monde du travail ordinaire. Le CAT offre des espaces « protégés » d'apprentissage, l'objectif étant d'être une passerelle entre le travail protégé et le monde du travail dit ordinaire. Ces espaces doivent faciliter l'insertion de la personne handicapée. Mais cela n'aboutit pas toujours, car certains handicaps nécessitent des accompagnements adaptés. Le monde du travail ordinaire est souvent trop exigeant pour certains handicaps. Les performances de production demandées, les rapports sociaux conflictuels, le manque d'encadrement adapté sont en effet des freins considérables.

Par ailleurs, les CAT ne sont pas exempts, aujourd'hui encore, de nombreuses critiques. Elles proviennent du monde du handicap lui-même, qui critique les exigences de productivité des CAT (supportables, mais réelles). On évoque aussi le manque de résultats dans le rôle de passerelle que devraient jouer ces institutions. Les longues listes d'attente sont aussi mises en avant. Reste que les CAT ne font pas non plus l'unanimité auprès de certaines entreprises, qui voient en eux une sorte de concurrence déloyale.

Les ateliers protégés, eux, sont davantage inscrits dans le milieu concurrentiel de l'entreprise. Même si des aides à l'accompagnement sont octroyées et qu'il faille obtenir des autorisations de la DDTE (direction départementale du Travail et de l'Emploi), ces ateliers ont de vrais budgets d'exploitation et entrent dans la concurrence des entreprises entre elles. Ils disposent d'aides à l'accompagnement, mais l'essentiel de leurs ressources provient de leur production. Les entreprises qui font appel aux ateliers protégés peuvent déduire leur commande de la taxe sur l'embauche de personnes handicapées dans les entreprises de plus de vingt salariés.

Les personnes handicapées peuvent aussi se trouver embauchées dans une entreprise privée, productive et inscrite dans le secteur concurrentiel, ainsi que dans une collectivité locale. Pour travailler, il faut évidemment être apte au travail. La personne déficiente peut également, si elle en bénéficie, faire état d'une reconnaissance de travailleur handicapé (RTH), indiquant le taux d'invalidité. Cela n'est pas une obligation. Des aides sont alors proposées aux entreprises, sous forme de baisses de charges sociales et d'aides à l'adaptation du poste de travail, qui sont alors financées par l'organisme collecteur de la taxe sur l'embauche des personnes handicapées (l'AGEFIPH).

L'environnement familial

L'accès au monde du travail dépend bien évidemment en premier lieu des capacités de la personne déficiente et de la nature de son handicap, ainsi que de ses motivations. Mais l'environnement familial est un autre facteur. Comment la personne ayant un handicap est-elle accompagnée dans la démarche de travailler ? Cela correspond-il à son propre projet ou à celui de sa famille ? De par notre expérience, nous observons que la quasi-totalité des familles cherche à accroître l'autonomie de leurs proches. L'écueil réside cependant dans la protection au quotidien, jugée nécessaire par les proches, et qu'ils ont beaucoup de mal à alléger. Cette vigilance s'est en effet peu à peu installée au fil de l'éducation de l'enfant handicapé puis du jeune adulte qu'il est ensuite devenu. Arrivée à l'âge adulte, la personne handicapée est encore très protégée, et parfois même trop protégée, par ses proches.

Dans notre établissement, nous constatons que le fait même de s'adresser à un jeune handicapé de vingt ans, adulte donc, de manière responsabilisante et sans a priori sur ses capacités est un facteur de développement et d'autonomie. Inciter à l'autonomie en le mettant en situation, par exemple, d'utiliser les transports en commun (nous sommes au centre-ville d'une grande ville) aide sur d'autres formes d'autonomie telles que le travail et les subtilités de la vie sociale. Souvent, les familles sont « en retard » par rapport aux progrès de leur proche. Celui-ci a souvent besoin de démontrer ses capacités. Il doit faire la preuve qu'il peut y arriver, et sa famille met parfois du temps à admettre les progrès accomplis grâce au travail. Les exemples d'adultes d'un certain âge qui se découvrent des capacités d'autonomie étonnantes lors de rupture avec le milieu habituel sont nombreux. Mais, pour cela, il faut mettre en place une relation de confiance entre le personnel du centre qui accompagne les jeunes adultes et leurs familles. Ces dernières doivent se sentir « autorisées » à nous faire confiance pour accepter de nous laisser expérimenter les outils d'autonomisation.

La gestion de l'échec

Ce qui rassure les familles dans l'idée du travail de leurs proches déficients, c'est que ceux-ci jouissent de droits, sont socialement protégés et perçoivent un salaire pour leur travail. Les parents sont heureux de constater que l'autonomie se développe avec constance et que, en travaillant, le jeune sort de son isolement par la force des choses. Il est en effet en contact avec des situations inconnues et doit s'adapter à des relations nouvelles. Reste que dépendre d'une ressource telle que l'AAH est à la fois une garantie, mais également un facteur d'insécurité, car il s'agit d'un minimum social qui permet à peine de survivre (à ce jour 587 € par mois). Cette allocation, dont le renouvellement est obligatoire, dépend largement d'une politique volontariste de l'État à l'égard des personnes handicapées.

Cependant, ne pas être en situation de travail dans le monde du handicap laisse place au désœuvrement et au repli dans le cercle familial. Cela renforce le sentiment d'être assisté et de ne pas être un citoyen à part entière.

L'intégration dans le monde du travail peut développer un sentiment de valorisation pour la personne handicapée, qui voit ainsi ses efforts reconnus et se forge un autre statut. Cette nouvelle autonomie est majoritairement reconnue par les parents, mais il arrive que des familles, de manière consciente ou inconsciente, aient du mal à l'accepter, ayant l'impression de perdre un peu de leur influence.

Le travail permet d'obtenir une place dans la société, un statut, une reconnaissance, une utilité, une identité. Dans le contexte du handicap, même si un certain nombre de personnes sont en mesure d'appréhender la notion de travail selon sa signification commune (travailler = gagner de l'argent = subvenir économiquement à ses besoins), le désir de reconnaissance, l'appropriation d'un statut, la construction de l'identité sont des facteurs surdéterminants. Dans le cas du handicap, l'image et l'estime de soi sont largement entachées par la différence qui situe d'emblée les personnes dans un désir impérieux non seulement d'être comme tout le monde, mais également de faire comme tout le monde. Chez les personnes handicapées subsiste malgré tout le désir d'appartenir à un groupe social. Le handicap porte sur des réductions de compétences personnelles, mais en aucun cas sur le désir et les aspirations de tout un chacun, même s'ils diffèrent selon les individus. Parce qu'il a un projet qui lui permet de poursuivre un but, la personne handicapée valorise ses atouts, actualise ses potentialités et déploie plus largement les aspects de sa personnalité.

C'est à ce titre que, pour ceux qui le peuvent, le travail reste le facteur d'intégration central.

Le travail est-il pour autant un facteur d'autonomie ? Pour entrer dans le monde du travail, il faut avoir préalablement acquis un certain nombre de savoir-être et de savoir-faire. Le travail avec ces exigences favorise en retour l'élargissement du champ d'action. Travailler suppose d'acquérir en effet une autonomie dans les déplacements, par exemple savoir s'orienter, utiliser des moyens de transport, gérer un cadre horaire...

Travailler, c'est s'inscrire dans un groupe social, en faire partie intégralement, en partager les buts, la finalité, dans le partage, la répartition, voire la complémentarité de tâches communes.

Travailler, c'est également contribuer à la vie de la cellule familiale. Comme chaque membre de sa famille, la personne handicapée occupe une place à part entière. La personne handicapée passe de la position passive et assistée à une position active, même si elle est aidée. Tout cela est très valorisant pour l'image de soi.

Du côté familial, avoir un enfant, un frère ou une sœur qui, malgré le handicap, parvient à participer à la vie familiale, sociale et économique apaise les angoisses suscitées par le lien de dépendance, la culpabilité de l'inégalité des possibles, la blessure narcissique créée par le handicap. Cela modifie la charge quotidienne et ses contraintes en restituant ainsi à chacun un plus grand espace de liberté et donc de jouissance.

C'est pour nous, les professionnels, une lourde responsabilité que d'évaluer les potentialités de la personne handicapée. Une fois que cette appréciation a eu lieu, il faut encore fournir aux personnes handicapées les moyens et les conditions de mettre en œuvre cette insertion sans souffrance. Il ne faut jamais perdre de vue que le travail n'est pas toujours la meilleure indication en termes d'épanouissement personnel de l'individu. Les professionnels le savent bien, d'autant que le travail n'a pas pour vocation de réduire ou d'éliminer le handicap. Sa raison d'être est de faire reculer les limites induites par le handicap.

De la même manière que la méthode du braille n'élimine pas la non-voyance mais autorise l'accès à la lecture adaptée, l'augmentation de l'autonomie de la personne handicapée lui permet de surmonter certains effets de son handicap. L'accès au travail est un de ces leviers. Il faut donc, dans un premier temps, que le travail soit un projet personnel de la personne. Cela sous-entend qu'elle sait ce que le mot *travail* signifie, car, et il ne faut le perdre de vue, le but reste l'épanouissement de la personne. Le travail n'est qu'un outil. Pas plus... pas moins !

Jacques Beauché et Carole Stellvagen

Nadia et Christine

Nadia est la plus jeune des trois enfants de la fratrie. Jean-Louis naît en 1955, Christine en 1958, et Nadia en 1960. Leur père est à cette époque directeur d'une agence bancaire. L'état de santé de son épouse est très précaire. Victime d'un important dérèglement hormonal à la suite de la naissance de Christine, elle a beaucoup grossi et refuse d'accepter le corps déformé dans lequel elle ne se reconnaît pas. Très dépressive, elle sort peu de chez elle. Nadia naît dans ce contexte difficile et, selon ses propres mots, elle n'a pas été désirée. C'est elle qui témoigne. Par ailleurs, à l'âge de dix-neuf ans, Christine est victime d'une agression et ses facultés mentales sont irrémédiablement altérées.

Ma mère était incapable de s'occuper de nous. La naissance de ma sœur avait provoqué chez elle une modification de son équilibre hormonal. Cette femme autrefois belle et coquette ne supportait pas d'avoir énormément grossi. Sujette à de graves crises de dépression – allant jusqu'à tenter de se suicider –, elle vivait hors de la réalité, dans un monde imaginaire.

Dans un premier temps, sa maladie s'est manifestée par une insupportable agressivité. Puis ma mère a commencé à se moquer de tout. Plus rien n'était grave, plus rien n'avait d'importance. Elle était devenue incapable de s'occuper de nous. Notre père était souvent en déplacement. Un jour, alors qu'il rentrait après trois jours d'absence, il m'a découverte affamée, déshydratée et sale. En son absence, Maman ne s'était absolument pas occupée de moi. J'étais âgée de trois semaines ! Mon père m'a enveloppé et transporté chez mes grands-parents maternels ; ma sœur fut elle placée chez nos grands-parents paternels. Quant à mon frère, il a continué de vivre à la maison.

Je voyais mes parents à la fin de chaque semaine. Le samedi, mon père conduisait mon frère et ma mère chez les grands-parents qui m'hébergeaient. Nous mangions tous ensemble. Puis il allait passer la nuit du samedi au dimanche chez ses propres parents, chez qui vivait

Christine. Le lendemain, après la messe, il revenait nous chercher et nous déjeunions tous avec les parents de mon père. Je ne partageais donc avec ma sœur que quelques heures le dimanche. Nos grands-parents avaient une véritable volonté de réunir, au moins une fois par semaine, leurs petits-enfants que la maladie de leur mère avait séparés. Ils ont aussi tenté de préserver l'autorité parentale de notre père, même si ce sont eux qui nous ont matériellement entièrement assumés.

Le quotidien de ma sœur et le mien étaient très différents. Mes grands-parents maternels m'ont donné tout l'amour que je n'avais pas chez moi. Si ma sœur vivait dans un milieu plutôt bourgeois, j'ai été élevée dans la sciure, entre les guirlandes de boudins que fabriquait mon grand-père charcutier et les cartons de la pharmacie voisine. Ma sœur, elle, baignait dans un tout autre climat. Ma grand-mère paternelle était une femme érudite. Elle possédait une machine à écrire et écoutait de la musique classique... La grand-mère qui m'élevait et qui m'a tant appris et tant donné, elle, tenait la caisse de la charcuterie ! Fort heureusement, la destinée m'a permis de garder auprès de moi cette petite mémé jusqu'à l'âge de quatre-vingt-quinze ans, qui elle m'a toujours accompagnée avec un dévouement et une tendresse extrêmes.

Ma sœur était très gâtée. Quand je lui rendais visite, le dimanche, elle me montrait tout ce qu'elle avait dans sa chambre : jouets, jolis vêtements, bijoux, et une montre de plongée qui me faisait tant envie. Christine n'était pourtant pas heureuse : elle me trouvait plus jolie qu'elle et me le disait. Elle se montrait jalouse et sournoise. Un jour, elle s'est aperçue que je lui avais emprunté cette fameuse montre sans le lui dire. Elle m'a alors demandé de la lui retourner... j'ai refusé. Elle m'a ordonné de le faire. J'ai fini par obtempérer : elle m'a alors donné un formidable coup de pied.

Quand mon frère est parti en pension, mon père a ramené ma sœur à la maison, sans plus d'explications. Je n'avais qu'une crainte, c'est qu'il décide de me reprendre, moi aussi. Fort heureusement, il n'en fut rien. J'ai pu rester chez mes grands-parents que j'aimais et qui m'aimaient tant.

Je suppose que le changement fut terrible pour Christine. Au fur et à mesure que nous avons grandi, nos rapports se sont peu à peu améliorés. C'était une fille très gaie, même si elle était restée quelque peu prétentieuse. Elle oublia pour un temps l'amertume et la jalousie qu'elle nourrissait à mon égard. Mais cela ne dura pas.

En 1977, Christine avait dix-neuf ans. Elle était étudiante en deuxième année des beaux-arts à Toulouse. Elle partageait avec notre frère un appartement à Rangueil. Nous avions eu l'occasion de sortir ensemble et de participer à quelques fêtes. Cela me permet d'affirmer que Christine ne buvait pas et ne fumait pas. C'était une fille sérieuse. Un soir, dans un bar, avec une amie, elles ont dû commander et boire un diabolo fraise. C'est ce que ma sœur choisissait habituellement. Ce soir-là, quelqu'un, un criminel, a mis dans leurs verres un acide quelconque. Son amie a pu rentrer chez elle et ses parents l'ont fait hospitaliser immédiatement compte tenu de son état. Ma sœur, elle, a disparu. Jean-Louis, ne la voyant pas rentrer, s'est inquiété et a téléphoné à mon père. Au bout de deux jours, toujours sans nouvelles d'elle, mon père a prévenu la police. Il lui a été répondu que ma sœur était majeure et donc libre de ses faits et gestes.

Mon père est alors parti en voiture, cherchant sa fille au hasard des boulevards et des rocades. Il a pris la direction de Nice, pensant qu'elle avait peut-être fait du stop. Il a fini par la retrouver, apeurée, sans chaussures, épuisée. Elle avait vraisemblablement fait du stop à la sortie de Toulouse. Ramassée par des types qu'elle n'a pas su véritablement décrire, elle a probablement été violée.

Mon père l'a ramenée à la maison. Très vite, il a compris que ce qui arrivait était très grave. Elle avait de terribles hallucinations, des crises de delirium tremens, des obsessions concernant sa pilosité. En sortant du bar, par exemple, elle avait eu peur en croyant reconnaître dans les vitrines sa silhouette couverte de poils. Peu de temps après cette période, elle s'est entièrement rasée et maquillée outrageusement. Elle était convaincue que la chanteuse Mama Béa l'appelait.

Il était devenu extrêmement difficile de garder Christine à la maison. La décision fut prise de la placer dans un établissement spécialisé. Le jour de son départ, mon père m'a demandé de la convaincre d'avaler quelques comprimés. Il s'agissait de sédatifs qui devaient permettre d'hospitaliser Christine sans qu'elle résiste. J'ai accepté. Elle m'a fait confiance et a pris les cachets que je lui tendais. Quand elle s'est réveillée, elle a compris quel avait été mon rôle dans son internement ! Je savais que ce que je faisais n'était pas bien. J'avais dix-huit ans et j'avais le sentiment de jouer un petit rôle. Elle ne l'a jamais oublié. Elle me traite souvent de garce et je pense, maintenant que j'en parle, que cela date de cet incident.

Depuis cette soirée dans ce bar de Toulouse, les facultés mentales et psychologiques de Christine sont altérées de façon irréversible. Son handicap mental est dû à ce qu'elle a absorbé, mais sans doute aussi à quelque chose qui a disjoncté dans son cerveau. Plusieurs fois internée, elle vit aujourd'hui avec mes parents. Elle est dans son monde, et seuls quelques souvenirs d'enfance la rattachent à la réalité, un peu comme si tout pour elle s'était arrêté en 1977.

Quand j'ai rencontré le père de mon fils, j'ai voulu la prendre avec nous. J'ai pensé que la vie parmi nos amis, jeunes comme elle, souvent proches de la nature, cinéphiles ou musiciens, pouvait lui permettre de se sentir mieux. Je souhaitais aussi la retirer du contexte parental dans lequel elle vivait, en alternance avec des séjours en clinique. Christine était devenue imprévisible et ingérable. Une fois, elle avait trouvé des billets de cinq francs. Elle les a consciencieusement déchirés. Quand elle m'entendait arriver, elle ouvrait le gaz dans la cuisine. Un matin, alors que j'étais assise dans mon lit, elle s'est approchée les mains dans le dos et s'est jetée sur moi avec une cigarette, tentant de me brûler aux seins. Un jour, Philippe, mon compagnon, est arrivé au moment où elle s'apprêtait à me taper. Il l'a sévèrement remise à sa place. Une autre fois, je l'avais conduite pour passer une journée chez un ami avec lequel elle s'entendait bien. Elle a fait une fugue. Quand nous l'avons retrouvée, j'ai cette fois-ci réussi à la convaincre de décider elle-même de retourner dans la clinique qui l'accueillait de temps à autre.

J'ai vécu toute cette période comme un échec. Je crois que j'ai voulu me donner bonne conscience, tout en sachant que, finalement, je n'ai pas fait grand-chose pour elle ! Je n'ai pas beaucoup d'amour pour elle. Je n'ai pas le sentiment d'être affectivement attachée à elle. Ce que je dis est très dur, je le sais. C'est ainsi ! Cela tient peut-être au fait que nous n'avons pas partagé beaucoup de choses ensemble. Je n'ai pas oublié que, quand nous étions petites, elle était méchante avec moi. Enfin, par certains côtés, ses délires me rappellent le mal-être de notre mère. Elles s'entendent d'ailleurs bien... et j'ai, par exemple, parfois trouvé que ma sœur se laissait aller tout comme le faisait ma mère. Je suis plus proche de ma tante, la jeune sœur de ma mère, que de Christine.

J'étais allée la voir, il y a quelques années, dans un centre où elle était placée. J'ai le souvenir d'une scène particulière. Je marchais dans un long couloir pour aller à sa chambre. J'ai alors aperçu, au bout de ce long – très long – couloir, une silhouette. C'était celle d'une femme très maigre qui marchait péniblement. Tout à coup, j'ai reconnu le profil de Christine. Je l'ai appelée. Elle s'est retournée. C'était bien elle. J'ai couru vers elle et je l'ai prise dans mes bras. Nous sommes restées enlacées quelques instants. C'était très fort. Intense. C'est la seule fois. Je souffrais pour elle. Je ne pouvais pas la laisser là. Je me suis rendue au bureau du directeur et j'ai demandé que ma sœur reparte avec moi. Christine avait perdu vingt kilos, elle était défigurée. Le directeur s'est opposé à ce qu'elle sorte de son établissement. Il lui fallait l'autorisation de son tuteur, mon père. J'étais très énervée. J'ai appelé mon père qui a immédiatement donné son accord. Nous sommes reparties ensemble.

Je n'ai de devoir qu'envers mes grands-parents, qu'envers ceux qui m'ont élevée, aimée. Je n'assumerai pas ma sœur, plus tard. J'ai ma vie. En revanche, je veux veiller à ce qu'elle soit le mieux possible. Il a été décidé, récemment, que, après le décès de mes parents, mon frère déciderait seul pour Christine. Il n'en est pas question. Je veux maintenir le lien. Elle ne vivra jamais chez moi, mais je veux savoir où elle est, et dans quel état ! Christine n'est pas autonome. Je souhaite donc que, quand mes parents ne seront plus là, ce soit un curateur d'État qui s'occupe d'elle et non mon frère. Il n'a aucune considération pour moi, ni pour ce que je dis, et je veux pouvoir donner mon point de vue sur les conditions de vie de ma sœur.

Je considère qu'aujourd'hui j'ai trouvé un équilibre dans ma vie. Je suis heureuse et je suis peut-être la seule de cette famille à l'être. Ce qui est arrivé à ma sœur m'a aidé à concevoir la vie d'une certaine façon. Il faut rester humble, ne pas s'exposer et tenter de se protéger. Heureusement que mes grands-parents m'ont donné tout leur amour, car, je le sais, je n'étais pas désirée par mes parents. Mon père ne m'a jamais aimée, n'a jamais eu un mot ni un geste aimables à mon égard. Il m'a salie auprès de beaucoup de mes proches... Mon frère a été très critique sur mes choix personnels, ma sœur était jalouse et ma mère vivait isolée dans son monde. J'ai l'impression qu'aujourd'hui ils paient l'addition.

En vous disant cela, je ne peux m'empêcher d'éprouver une sorte d'admiration pour le dévouement dont mon père fait preuve vis-à-vis de ma sœur et de ma mère. Finalement, sa vie est triste. Je crois qu'aujourd'hui il est résigné. J'ai un sentiment de gâchis.

En ce qui concerne ma mère, alors que je pensais n'avoir aucun sentiment pour elle, je l'ai vue, un jour, aux urgences, nue sur une table d'examen. J'ai éclaté en sanglots, brutalement. Cette vision m'a fait de la peine. J'ai compris que je l'aimais. Ma sœur et elle sont probablement complices. Christine a des moments de lucidité. Tout comme ma mère, elle semble parfois aller mieux. Je pense qu'elle a fait le deuil de sa vie de femme et de mère. Je ne me suis jamais réjouie de l'état de Christine. Ce serait tellement mieux si elle allait bien ! Quand elle a absorbé cette saloperie, nous commencions peut-être une nouvelle étape de notre histoire. Nous arrivions à nous parler et à échanger nos points de vue. Ce qui est arrivé est finalement très frustrant. Christine aurait pu se marier, avoir des enfants et nous aurions inventé une nouvelle famille. Mes enfants auraient des cousins, une tante... Dommage.

Nadia et Christine, une relation sans retour

Hélène Davtian est psychologue à l'Unafam, l'Union nationale des familles et amis de malades psychiques, association reconnue d'utilité publique qui regroupe 11 000 familles dont un proche souffre de troubles psychiques graves. Elle anime des réunions d'information et de débat pour les frères et sœurs et participe à la sensibilisation des équipes soignantes sur ce thème. En 2003, elle a réalisé une enquête auprès de 600 frères et sœurs de personnes atteintes de troubles psychotiques. Ce document, *Les Frères et sœurs de malades psychiques. Résultats de l'enquête et réflexion*, paru en mai 2003, est disponible au siège de l'Unafam.

Qu'elles aient dix ans ou soixante-quinze ans, les personnes ayant participé à l'enquête évoquent les forts retentissements de la maladie de leur frère ou de leur sœur sur ce qu'ils sont eux-mêmes. Dans le témoignage de Nadia, on comprend que cette expérience a profondément marqué sa vie. Je reprendrai dans son texte ce qui entre en résonance avec les échanges que ce travail de recherche m'a conduite à développer auprès de nombreux frères et sœurs de personnes souffrant de troubles psychotiques. La pathologie de Christine n'est pas nommée. Est-ce que le produit toxique qu'elle a ingéré a réveillé une pathologie en sommeil ? Est-ce un effet direct de la drogue, lecture à laquelle semble tenir Nadia ? Je n'aborderai pas ce débat même s'il est déjà une donnée du problème. Dans l'enquête, en effet, plus d'un quart des frères et sœurs n'ont pas de mots pour nommer la maladie : faire face à une maladie sans nom, s'organiser face à l'inconnu est une tâche compliquée qui pourrait peut-être être facilitée par un meilleur accompagnement de l'information dans ce domaine.

Quand il s'agit de réfléchir aux moyens de vivre avec un frère ou une sœur dont la raison est subitement altérée, c'est-à-dire une souffrance qui ne passe ni par les mots ni par le corps, en d'autres termes une souffrance qui n'est pas flagrante pour ceux qui ne sont pas dans l'entourage immédiat, l'absence de mots n'est pas sans signification, ni sans conséquences. Les frères et sœurs se retrouvent parfois en position d'imposteurs, d'espions, m'ont dit certains, contraints d'écouter derrière les portes, de construire sur des bribes ou des rumeurs, d'errer sur le Net à la recherche d'une connaissance qui leur est pourtant si nécessaire.

Quand un proche perd la raison

Christine emmène Nadia dans un univers nouveau et qui la transforme profondément. Être proche d'une personne qui perd la raison emmène les frères et sœurs vers une dimension nouvelle que, comme tout un chacun, ils s'étaient bien gardés jusque-là d'aborder. Perplexité devant cette sœur qui ne se voit pas comme Nadia la voit (« obsessions concernant sa pilosité : elle voyait dans les vitrines sa silhouette couverte de poils »). Comment communiquer, échanger si l'on ne voit pas, si l'on n'entend pas les mêmes choses ? Est-ce encore de l'affection que l'on éprouve ? Une relation sans retour parce qu'il y a quelque chose d'irrémédiablement changé ; les choses ne reviendront jamais comme avant.

« Ce qui est arrivé à ma sœur m'a aidé à concevoir la vie d'une certaine façon. »

Qu'est-ce que ça change dans la dimension fraternelle ?

Un frère, c'est une communauté d'origine, de souvenirs, et parfois de projet. Le lien fraternel est fondé sur le partage : partage d'expériences, partage de souvenirs, partage de l'attention parentale, partage des biens familiaux, des dettes... Qu'en est-il de la dimension du partage avec un frère ou une sœur dont la raison est altérée, que reste-t-il de la dimension fraternelle ?

Nadia décrit avec sa sœur une relation si ténue, si fragile que l'on pourrait penser a priori qu'une expérience comme celle-ci les éloignerait à jamais. C'est au moment où elles se retrouvent et acceptent leur ressemblance que surgit une différence radicale. Christine, dont Nadia se rapprochait, est revenue de cette nuit irrémédiablement étrange, méconnaissable, différente. Les troubles sont apparus au moment où elles se retrouvaient semblables, pour les rendre irrémédiablement différentes.

Pathologie du lien, pathologie du rapport à l'autre, au monde et à soi-même. Certains auteurs parlent de maladie de la communication. C'est pourquoi la relation fraternelle est à ce point malmenée quand survient la maladie. Mais c'est aussi pour cela qu'elle est à ce point sollicitée : dans le paysage du malade, le frère, la sœur est parfois le seul être humain qui reste semblable et qui assure une continuité entre l'avant et l'après. Nadia explique bien que Christine est « dans son monde », « devenue imprévisible et ingérable », « seuls quelques souvenirs d'enfance la rattachent à la réalité ».

La relation fraternelle est activée, interrogée, sollicitée, mise à l'épreuve par l'arrivée d'une déficience ou d'une maladie, mais peut-être plus encore quand cette maladie attaque le rapport à l'autre et au monde. La relation fraternelle est peut-être, pour les personnes souffrant de troubles psychotiques, le seul lien qui assure une continuité avec la vie d'avant et qui permet d'envisager un avenir.

Un autre point qu'évoque Nadia, c'est la question du rôle : les frères et sœurs ont-ils un rôle à jouer ? Dans une étude réalisée en Île-de-France, on constate que les frères et sœurs sont, dans le cercle large de la famille, les visiteurs les plus fréquents. Ils sont présents, impliqués de fait, mais ils n'ont ni place, ni moyens d'action, ni reconnaissance. Un rôle qui n'est pas balisé mais où se rejouent les rivalités de l'enfance. Nadia, à dix-huit ans, est chargée par son père de faciliter l'hospitalisation sans consentement de sa sœur. J'ai rencontré beaucoup de jeunes qui ont joué un rôle actif pour amener leur frère ou leur sœur malades vers des soins non consentis. Ce qui me semble grave, c'est que, après toutes ces années, l'impression de Nadia, assez emblématique, est : « Je savais que ce que je faisais n'était pas bien. » Jusqu'à quand l'accompagnement vers les soins va-t-il être vécu sur un mode culpabilisant ? Manifestement, Nadia garde l'idée qu'elle a trompé la confiance de sa sœur, qu'elle a été un « faux frère », qu'elle a fraternisé avec l'ennemi. Dans l'enquête, 62 % des frères et sœurs ne souhaitent pas de rencontre avec les soignants par loyauté envers le frère ou la sœur, par peur d'être fragilisés par cette rencontre ou par méfiance du milieu psychiatrique, mais ceux qui souhaitent cette rencontre expriment un besoin de comprendre ou d'apporter quelque chose.

Plus de lisibilité sur les soins, sur le projet thérapeutique, sur les objectifs d'une hospitalisation devrait permettre d'aider les frères et sœurs à repérer la dimension positive de leur geste : est-on un faux frère quand on porte secours ? Encore faut-il que leur coopération ne soit instrumentalisée ni par les parents ni par les équipes soignantes et que la portée de leur geste soit reconnue.

Trop près, trop loin

Lorsque la raison est altérée, la relation elle-même est altérée. La communication n'est plus possible en l'état. Peut-on alors encore parler de relation fondée sur l'échange ou juste de relation d'attachement ? Certains frères et sœurs ont l'impression que leur avis n'existe plus dans la relation : ils sont là, c'est tout. « Il m'appelle sept à huit fois par jour au bureau, je lui explique mais il n'entend pas », me disait un frère. Alors la plupart oscillent entre un dévouement sans limites ou une prise de distance insatisfaisante et jamais suffisante : trop près jusqu'à l'épuisement et les répercussions sur sa propre vie, trop loin jusqu'à l'exclusion et le sentiment d'être étranger à sa propre famille.

Nombre d'entre eux ont besoin de s'éloigner un peu pour prendre du recul, se recentrer sur leur propre vie et commencer à se construire. Ils demandent à partir en pension, s'organisent pour faire leurs études dans une autre région, ou à l'étranger. Si cette prise de distance est acceptée, voire encouragée par les parents, elle est souvent bénéfique et temporaire. Mais certains d'entre eux partent pour sauver leur peau : « C'était lui ou moi. » Ils se retrouvent pour certains sans attaches familiales, avec l'opprobre de la famille pour ce qui est perçu comme un abandon. Eux sont partis et le malade est resté.

Ceux qui sont restés sont désignés une fois pour toutes comme efficaces et solides. « Je me suis retrouvée avec des habits trop grands dont je ne pouvais plus me défaire », disait une sœur. Il est nécessaire de prendre en compte que l'engagement des frères et sœurs auprès du malade doit être temporaire et renégociable : il ne peut s'agir d'un engagement à vie et il n'est pas du même type que celui des parents envers un enfant.

Au cours de mes nombreuses rencontres avec des frères et sœurs, j'ai repéré que beaucoup passent par une période de va-et-vient : de longues périodes d'absence alternent avec des périodes de grande proximité. Nombreux sont ceux qui partent faire leur vie ailleurs, au risque de perdre leur place dans leur famille d'origine. À l'inverse, certains ne s'autorisent aucune distance, au risque de se retrouver en panne dans leur propre vie et de ne pas développer de projet pour eux-mêmes, comme s'ils développaient une hypervigilance pour leur frère ou leur sœur malades, et une hypovigilance pour eux-mêmes.

L'essai de Nadia de prendre sa sœur chez elle s'inscrit probablement dans cette difficile recherche pour retrouver sa place dans cette relation fraternelle dont on a vu qu'elle était à la fois si malmenée et si sollicitée.

Les parents ne comprennent pas toujours bien ce besoin de prise de distance. Et pourtant, dans la plupart des situations que j'ai rencontrées, cette prise de distance ne signifie pas l'abandon, mais une nécessaire élaboration pour retrouver sa place, un remaniement après la bourrasque de la maladie. Il est vrai que les parents n'ont pas eux-mêmes cette possibilité de s'éloigner et peut-être moins encore aujourd'hui qu'avant, du fait du raccourcissement de la durée des prises en charge hospitalières en psychiatrie ; ils souffrent souvent de ne pas pouvoir prendre de périodes de répit. Mais, pour les frères et sœurs, le besoin de prendre de la distance n'est pas tout à fait du même registre : ils ont besoin de s'assurer qu'ils ne sont pas malades eux-mêmes. L'effraction de la maladie est parfois traumatisante et nécessite un travail d'élaboration psychique qui passe souvent pour eux par ce mouvement de balancier : trop loin-trop près jusqu'à retrouver leur place.

Pourquoi la rupture n'est-elle pas envisageable ?

L'attachement est une relation à laquelle on n'échappe pas, à laquelle on ne peut échapper. Relation qui est du registre de l'emprise et non de l'échange. Comment réintroduire ce lien de réciprocité ? Comment ne pas être soit dans tout, soit dans rien ? Soit totalement là, soit définitivement loin. Est-ce que Nadia en fait assez pour Christine, mais que fait Christine pour Nadia, est-ce que la personne souffrant de troubles psychiques n'a plus rien à donner ? Est-ce qu'on peut aimer une personne délirante ? Est-ce que quand la raison est altérée, ce n'est pas la relation elle-même qui est altérée ? Christine met sa sœur au défi de l'aimer. Nadia a essayé en tentant de reprendre sa sœur chez elle.

Dimension de l'essentiel, ni l'une ni l'autre ne peuvent lâcher, malgré l'incompréhension et le sentiment d'étrangeté qui se sont glissés entre elles, malgré les mots forts de Nadia : « Je n'ai pas beaucoup d'amour pour elle. Je n'ai pas le sentiment d'être affectivement attachée à elle. » Ni l'une ni l'autre ne peuvent rompre. Que reste-t-il alors de leur relation qui les tient si fort ? Il en reste l'essence même, l'essentiel : si on rompt, il n'y a plus rien.

Le psychotique envoie dans une autre dimension, il nous pose la question du sens : « Quand il n'y a plus rien, qu'est-ce qu'il reste ? » ou « La vraie vie est ailleurs » ; question béante, fondamentale, à laquelle on ne peut plus échapper. Celui qui a osé entendre cette question ne peut plus faire comme s'il ne l'avait pas entendue.

Je suis surprise par la gravité des frères et sœurs de malades que je rencontre, non pas la gravité au sens de tristesse, mais la gravité qui s'oppose à la légèreté, celle liée au centre de gravité. La psychose bouscule dans les fondements profonds, et les frères et sœurs semblent ne plus avoir accès aussi facilement à l'insouciance. Pour ma part, j'ai recherché longtemps ce sentiment de légèreté, d'insouciance ; jusqu'au jour où j'ai accepté qu'il soit définitivement perdu.

Même loin, même avec la distance de lieu, de style d'éducation pendant leur enfance, Nadia ne peut pas ne pas être concernée par la souffrance de sa sœur. C'est la force de ce témoignage : si loin que l'on soit, on ne peut pas ne pas être concerné, on ne peut échapper aux questionnements. Et pourtant, les deux sœurs se connaissaient peu : « Je ne partageais avec elle que quelques heures le dimanche... Le quotidien de ma sœur et le mien étaient très différents. »

Retrouver sa place de sœur

« Je n'assumerai pas ma sœur, je veux veiller à ce qu'elle soit le mieux possible, je veux maintenir le lien, lorsque mes parents ne seront plus là, je veux pouvoir donner mon point de vue sur les conditions de vie de ma sœur. »

Nadia est sortie du rejet et de l'emprise, du va-et-vient trop près-trop loin, elle a retrouvé sa capacité de choix.

Hélène Davtian

BIOGRAPHIE DE L'AUTEUR

Maria Carrier est journaliste et chroniqueur. Elle collabore de façon permanente à diverses publications telles que *Le Journal du Périgord*, *Direlot* et *Lettres d'Aquitaine*. Spécialiste de portraits, elle aime particulièrement recueillir la parole de ceux que l'on oublie parfois : personnes âgées, minorités, victimes... Elle a adapté en 2002, pour les Ateliers de création du Sud-Ouest de Radio France, son livre *Le Cœur et l'ouvrage, artisans immortels* (2001, coédition France Bleue/Éditions de La Lauze). Pour ces mêmes ateliers elle a réalisé une série radiophonique consacrée aux secrets de famille. Le dernier ouvrage de Maria Carrier paru chez Autrement est *Maréchal nous voilà* (2004).

TABLE DES MATIÈRES

Autour du même thème aux Éditions Autrement

Dans la collection Junior/Société

Qu'est-ce qu'il a ? Le handicap
Par Vanessa Rubio et Patrice Favaro, illustrations de Natali Fortier
N° 10 – 48 p. – ISBN : 2-7467-0269-X

Dans la collection Mutations

Des sœurs, des frères. Les méconnus du roman filial
Sous la direction de Lucette Savier
N° 112 – 184 p. – ISBN : 2-86260-296-5

Derniers ouvrages parus dans la collection Mutations

Citoyens et délateurs. La délation peut-elle être civique ?
Sous la direction de Jean-Paul Brodeur et Fabien Jobard
N° 238 – 224 p. – ISBN : 2-7467-0728-4

Cultures lycéennes. La tyrannie de la majorité
Par Dominique Pasquier
N° 235 – 176 p. – ISBN : 2-7467-0603-2

Enfants, sexe innocent ? Soupçons et tabous
Sous la direction de Marcela Palacios
N° 234 – 184 p. – ISBN : 2-7467-0558-3

Fantastique, fantasy, science-fiction. Mondes imaginaires, étranges réalités
Sous la direction de Léa Silhol et Estelle Valls de Gomis
N° 239 – 168 p. – ISBN : 2-7467-0743-8

Grands-mères. Un amour tendre et féroce
Sous la direction de Véronique Cohen
N° 236 – 176 p. – ISBN : 2-74670623-7

Imprimé par Corlet, Imp. SA, 14110 Condé-sur-Noireau (France). N° 112608.
Précédent dépôt légal : septembre 2005. Dépôt légal : avril 2007. ISBN : 978-2-7467-0666-8. ISSN : 0751-0144.
Imprimé en France.